国家“十三五”重点出版物出版规划项目

乡村振兴中的学校发展
乡村校长培训丛书

丛书主编　杨小微

# 乡村学校信息化

RURAL

EDUCATION

RURAL

TEACHER

闫寒冰　李笑樱——编著

华东师范大学出版社
·上海·

**图书在版编目(CIP)数据**

乡村学校信息化/闫寒冰,李笑樱编著.—上海:华东师范大学出版社,2020
(乡村教育培训系列;16)
ISBN 978-7-5675-7258-4

Ⅰ.①乡… Ⅱ.①闫…②李… Ⅲ.①农村学校—信息化—教师培训—教材 Ⅳ.①G43

中国版本图书馆 CIP 数据核字(2020)第 254731 号

乡村教育培训系列
**乡村学校信息化**

编　　著　闫寒冰
责任编辑　何　晶
责任校对　时东明　李永琼
版式设计　庄玉侠
封面设计　俞　越

出版发行　华东师范大学出版社
社　　址　上海市中山北路 3663 号　邮编 200062
网　　址　www.ecnupress.com.cn
电　　话　021-60821666　行政传真 021-62572105
客服电话　021-62865537　门市(邮购)电话 021-62869887
地　　址　上海市中山北路 3663 号华东师范大学校内先锋路口
网　　店　http://hdsdcbs.tmall.com

印 刷 者　上海盛隆印务有限公司
开　　本　787×1092　16 开
印　　张　12
字　　数　175 千字
版　　次　2021 年 1 月第 1 版
印　　次　2021 年 1 月第 1 次
书　　号　ISBN 978-7-5675-7258-4
定　　价　36.00 元

出 版 人　王　焰

# “乡村振兴中的学校发展”丛书
# 编委会

| “乡村校长培训”系列 | **总主编◎杨小微** |
| --- | --- |
| 乡村学校公平 | 杨小微 |
| 乡村学校课程 | 吴刚平　赵　晶 |
| 乡村学校规划 | 徐冬青 |
| 乡村教师发展 | 周　晔 |
| 乡村学校信息化 | 闫寒冰　李笑樱 |
| 乡村学校评估 | 张向众　乔　磊　杨　斐 |
| 乡村校社合作 | 李　伟 |
| 乡村校长领导力 | 邬志辉 |

| “乡村教师培训”系列 | **总主编◎李家成** |
| --- | --- |
| 乡村语文教学 | 李　重　李政涛 |
| 乡村小学数学教学 | 吴亚萍 |
| 乡村小学英语教学 | 卜玉华　齐　珊 |
| 乡村综合学科教学 | 徐冬青 |
| 乡村教师科研 | 李天凤 |
| 乡村班级建设 | 李家成 |
| 乡村学生心理辅导 | 鞠玉翠 |
| 乡村教师人际沟通 | 孙元涛 |

# 总 序

中国教育现代化的短板之一在乡村教育，源于众所周知的历史原因；乡村振兴不能没有乡村教育的振兴，这是由教育与社会的关系所决定的；乡村教师和校长的专业发展到了不容忽视的时期，则是我们必须要正视的现实。

国家近期出台的重大教育政策乃至国家发展战略对乡村教育提出了明确要求：2018年《中共中央国务院关于实施乡村振兴战略的意见》提出了"优先发展农村教育事业"以及"统筹配置城乡师资，并向乡村倾斜，建好建强乡村教师队伍"等要求；中共中央、国务院印发的《中国教育现代化2035》要求"实施乡村振兴战略教育行动"；而《中共中央国务院关于全面深化新时代教师队伍建设改革的意见》也明确提出了"重点开展乡村中小学骨干校长培训和名校长研修"、"深入实施乡村教师支持计划"和"优化乡村青年教师发展环境，加快乡村青年教师成长步伐"等部署，表达了党和政府对乡村教育振兴的高度重视和坚定的决心。

振兴我国乡村教育，也是乡村学生、家长、教师共同的需要。乡村学生需要优秀的乡村教师和校长，需要高质量的学校教育；乡村家长需要值得信任、能够开展创造性合作的乡村教师与校长；乡村教师和校长的职业生命与专业生活同样需要有品质的提升。

振兴乡村教育，更是关注我国基础教育优质均衡发展的研究者义不容辞的责任。我们的研究团队多年来扎根中国教育大地，深耕基础教育改革与发展领域，持续投入乡村教育研究。我们不仅奔赴云南、广西、江西、河南、安徽、湖北、甘肃、新疆等地开展了大量的调查研究，而且深度参与了乡村教育的发展过程，开展了大量的乡村教师与校长培训活动，推动了许多乡村学校发展，努力促进教育现代化的乡村样板学校和地区的形成。

这样的努力一直在持续，而本系列丛书，就是我们对乡村教育研究成果的阶段性小结，也是我们面向乡村教育发展的未来而不懈探索的智慧结晶。

“乡村振兴中的学校发展”丛书分为“乡村校长培训”和“乡村教师培训”两个系列，分别由杨小微教授和李家成教授担任总主编；每个系列都由八本著作构成。“乡村校长培训”系列涵盖乡村学校公平、课程、规划，乡村教师发展，乡村学校信息化、评估，乡村校社合作，乡村校长领导力等内容。“乡村教师培训”系列涵盖乡村语文、数学、英语、综合学科教学，乡村教师科研，乡村班级建设，乡村学生心理辅导，乡村教师人际沟通等内容。我们依托华东师范大学基础教育改革与发展研究所、上海终身教育研究院的学术资源，汇集了华东师范大学、复旦大学、西北师范大学、云南师范大学、华中科技大学、东北师范大学、上海师范大学、浙江大学等高校的科研人员，组成实力雄厚的编委会及作者队伍，参与丛书编写的成员均具有扎实的理论基础和丰富的教学经验。

我们期待这套丛书能够成为乡村教师与校长的培训教材、乡村学校变革的指导手册、开展乡村教育研究的参考书。我们期盼这套丛书的出版与发行，能为乡村教师和校长助力，让乡村学校变革不断获得新的力量；能为乡村教育研究助力，让中国乡村教育研究不断生成出新的理论；能为中国教育现代化助力，让中国乡村现代化与乡村教育现代化迈上互生共长的新台阶。

华东师范大学　杨小微　李家成

2019 年 5 月 22 日

# 本书使用指南

纵观世界，教育信息化已成为各国建设人力资源强国、实现经济社会快速发展的前瞻性战略选择。我国政府充分认识到教育信息化是促进教育发展、变革的重要推动力量，已出台一系列措施，将教育信息化上升到国家战略的层面。

在21世纪的学校中，“技术”已经走上了教育改革的前台，不再仅仅是附属或辅助的“角色”。《上海基础教育信息化趋势蓝皮书》中更深刻地指出“技术正在推动着一场更为深刻的变革，这样的变革将撼动长久以来的学校体系，将有可能颠覆学校原本的形态，从而带来教育最根本的结构性改变”。在这样的背景下，几乎每一所学校都对信息技术的应用成效有了新的期待，乡村学校也不例外。

我们编写的这本书，是一本面向乡村校长（或主管副校长、学校中负责信息化建设的团队负责人）的培训教材。希望乡村学校的校长们通过培训能够从系统的角度来策划学校信息化发展大局，利用“后发优势”，避免片面与盲从；从现实的角度来学习和选用可行的技术工具，利用“公共资源”，快速上手并有所突破。

这本培训教材有以下几个特点：

(1) 在展望时面向前沿，在应用时面向现实。虽然乡村学校的信息化条件相对落后且差异较大，但展现技术在教育中的应用热点及典型案例时，并没有受到乡村软硬件条件的束缚，而是力图将最新的发展呈现在学习者面前，这主要体现在专题一；但在实际应用时，则考虑到乡村学校的实际条件，只选用免费共享的公共技术资源，以便学习者们可以即时上手，使学校发生变化，这些主要体现在专题二至专题五所选用的技术上。

(2) 任务驱动贯穿全篇，信息化领导力提升嵌入其中。苏霍姆林斯基曾说："有怎样的校长，就有怎样的学校。"校长作为学校信息化变革的引领者，其领导力自然成为学校发展成功的重要因素。所以乡村学校信息化的发展水平，归根到底，要靠学校校长(包括相关管理者)的信息化领导力。本培训教材中设计了一个贯穿始终的学习任务——"为自己的学校设计未来三年的信息化发展规划"，并将相应的理念、原则、策略、方法与工具的学习要求与学习过程融入任务完成中。相信这样的设计，有助于学习者在明确的目标驱动下开展有意义的学习。

(3) 充分考虑乡村教学现状，客观设定信息化应用环境。2014 年 5 月 27 日，教育部颁布了《中小学教师信息技术应用能力标准(试行)》，该标准对全国中小学(幼儿园)教师具有长期的专项指导意义。在该标准中，将信息技术应用的环境界定为四种，分别是简易多媒体环境、交互多媒体环境、网络教学环境与移动学习环境。考虑到乡村学校的现实情况，在涉及教学的案例中，更多关注的是前两种信息化教学环境。

(4) 在支持培训指导的同时，也支持自主学习。本教材是以培训活动的形式来展开的，这从培训教材的专题目录可以清晰地看到。同时，本教材也考虑到学习者们可能的自学模式，因此，在相应的学习内容中大量采用了案例资源，希望"以例释理"，帮助校长们更好地理解相应的理念与策略。在每一专题的作业之后，还特别加入了"李校长的反思"环节。"李校长"是一个虚拟人物，但他的"反思"是在我们培训和访谈农村学校校长的基础上形成的。这是我们为学习者们安排的一个勤勉努力的"同行"，支持学习者自我引导，完成学习任务。

本教材的主编长期参与"英特尔未来教育"的核心团队工作，并参编了其中的信息化领导力课程。2013 年 10 月以来，又承担了教育部教师工作司委托的"全国中小学教师信息技术应用能力标准"的研制工作，深度参与或主持了《中小学教师信息技术应用能力培训课程标准》、《中小学教师信息技术应用能力测评指南》，以及"中小学教师信息技术应用能力诊断测评工具"的研制；2014 年，主编团队合力完成了"技术改变教学"系列课程的开发，受到教育技术界和教师培训界同仁的认可，在"能力提升工程"的教师远程培训中做出了重要的贡献，仅山东一省，就有 40 万教师应用这套课程中的部分内容进行了培训，更多的课程在其他各省也获得应用……如果没有这样的研究和实践基础，是很难承担这本教材的编写工作的。

在知识管理体系中，将知识分为"显性知识"和"隐性知识"，显性知识可以通过语言、文字、数据库等编码方式传播和学习；而隐性知识则是"只可意会，不可言传"的，需要实践与体验才可获得。与学校信息化发展的相关知识正是隐性知识。在开展面向校长信息化领导力培训，以及开发相关课程的过程中，我们深切意识到案例、体验与实践对于管理者能力提升的重要性。因此，无论是有人指导，还是自主学习，依据活动指导语的要求，对照相应案例，不断地思考、实践与体验，才是学习本教材的通关要领！

在编写此教材的过程中，我们除了在各类已出版或发表的材料中寻找案例，也实地走访采集案例，其中上海市古美中学的郑荣玉校长、江西上饶弋阳二中的汪有海校长都为我们提供了重要的案例信息与工作思路，谨在此表示诚挚的感谢！在教材编写过程中，李曼曼、张丽、郑东芳、朱珊珊参与了部分材料的收集与整理工作，对于他们的贡献，在此一并表示感谢！

编　者

2020 年 12 月

# 目　录

专题一

# 技术变革与学校发展

## 概述

在这个专题的学习中，你将首先了解本课程的培训目标、培训安排及任务要求。然后通过案例分析等方式，探讨学校的信息化实践现状，并从优秀同行和前沿技术两个角度了解信息技术已经或者将要带给学校的变革。本专题学习结束后，建议你从教育教学、软硬件设备、管理机制、教师能力、家校沟通等方面描述本校信息化建设情况，并分析当前存在的问题。

## 专题问题

1. 信息技术在学校发展中有什么作用？
2. 当前信息技术教学应用的热点是什么？
3. 什么是微课程？如何将微课程运用到教学实践中？
4. 翻转课堂“翻转”了什么？给教育带来了哪些方面的变革？
5. 什么是 MOOCs？MOOCs 能给教育带来哪些创新？
6. 什么是电子书包？电子书包应用对教与学有哪些影响？
7. 什么是创客？创客对当前的学校教育会有哪些影响？

## 专题任务

◇ 了解本课程的培训目标、培训安排及任务要求。

◇ 了解信息技术在学校发展中的作用。

◇ 了解信息技术在教育中的应用热点。

◇ 思考本校信息化实践现状及问题，初步探索改进方向。

### 活动 1　走进培训

**说明：**在本活动中，你将全面了解本课程的培训目标、培训安排与任务要求。这些内容有助于你对本课程有一个全面的了解，以便在日后的学习过程中清晰地自我导航，能动地调整努力方向。

**第一步：了解培训内容和培训目标**

本课程划分为五个专题：专题一主要通过分享讨论及案例分析的形式，探讨技术对教育带来的变革；专题二主要是从项目规划的关键步骤来共同探讨如何制定学校信息化发展规划；专题三主要从教师教学的角度来探讨信息技术在教育中的应用；专题四将聚焦信息技术如何支持教师专业发展；专题五关注信息时代背景下，如何更高效地开展学校信息化管理。

## 本课程的学习目标

**知识技能：**

◇ 了解校长在学校信息化发展中的作用，理解校长信息化领导力的内涵和结构；

◇ 了解信息技术在教育领域的最新发展，理解相关理论与实践对学校信息化发展的影响；

◇ 了解学校信息化发展规划的重要步骤，掌握与学校信息化发展规划相关的知识、策略、方法与工具；

◇ 了解信息技术对教育教学的支持作用、常见问题及应用原则；

◇ 了解教师评价的发展趋向，理解发展性教师评价的内涵；

◇ 感受信息技术在学校管理中的作用，掌握常用的管理工具，如：知识管理、时间管理、协同办公、家校合作等。

**过程方法：**

◇ 通过交流互动、案例评析等活动形式，了解其他学校信息化发展中的经验、教训等，提升信息化发展规划和建设的能力；

◇ 通过边学边练边研究的方式，体验各种方法和技术在推动学校信息化发展中的作用，掌握与学校信息化建设相关的各种策略与方法。

**情感 · 态度 · 价值观：**

◇ 理解校长在学校信息化发展中的重要性和可为性；

◇ 体会信息技术在支持教育教学、促进教师专业发展、提升学校管理效力、推动学校变革与发展中的重要价值，增强信息技术应用的信念和认识。

**第二步：了解课程安排**

为了帮助你快速地了解本课程各个专题中的学习内容以及学习要求，表 1-1 选取了各个专题中非常显见的内容、涉及的工具、建议学习时间以及学习任务进行介绍。

表1－1 “乡村教育信息化”课程安排

| 专题 | 专题主题 | 学习内容 | 建议学时 | 工具 | 学习任务 |
| --- | --- | --- | --- | --- | --- |
| 1 | 技术变革与学校发展 | 在这个专题的学习中，首先你将在活动1中了解本课程的培训目标，培训安排和任务要求；在活动2中，我们将通过头脑风暴及案例分析的形式，探讨学校的信息化教学实践；在活动3中，我们将一起来听听几位优秀校长利用信息技术推动学校发展的故事；在活动4中，我们将通过对当下热门技术及热词进行解读，帮助你进一步了解信息技术在教育中的应用 | 4 | 无 | 结合本校实际情况，思考本校信息化实践，分析存在的问题 |
| 2 | 规划学校信息化发展 | 在这个专题的学习中，你将了解规划学校信息化发展的关键步骤。活动1将有助于你了解校长信息化领导力的内涵和结构；活动2将通过若干工具的学习，帮助你掌握分析学校信息化发展中问题的方法。通过活动3的学习，你将了解农村学校信息化发展规划的策略。活动4的学习，你将学习信息化规划的关键步骤和规划方法 | 5 | 鱼骨图、SWOT分析、问卷星、SMART目标管理法、利益相关者分析 | 利用所学知识和工具对本校信息化发展进行初步规划 |
| 3 | 理解信息技术支持的教学应用 | 在这个专题的学习中，你将通过丰富的案例展示、与学友的深度交流，感受信息时代背景下的新课堂面貌，理解信息技术在促进学校教育变革、优化课堂教学方面的作用。通过常见问题剖析，进一步了解信息技术的应用原则。最后一个活动，我们将一起来分享、探讨课堂评估的标准、方式及工具等 | 5 | 优质课堂评价指标 | 进一步修改完善学校信息化发展方案，并将教学信息化的发展规划纳入其中 |
| 4 | 支持教师专业发展 | 在这个专题的学习中，你将了解发展性教师评价的理念及其方法，并关注信息技术如何支持教师专业发展。最后一个活动，我们将重点聚焦教师相关能力的提升，理解我国对中小学教师信息技术应用能力的标准，明确教师信息技术应用能力发展的目标和学校努力方向 | 5 | 学习通 | 进一步修改完善学校信息化发展方案，并将教师专业发展规划纳入其中 |

续 表

| 专题 | 专题主题 | 学 习 内 容 | 建议学时 | 工具 | 学习任务 |
|---|---|---|---|---|---|
| 5 | 提升管理效力 | 在这个专题的学习中，你将在活动1中了解信息时代背景下，如何更高效地开展自我管理。在活动2、活动3和活动4中，你将学习一些知识管理、时间管理、协同办公、家校合作、展示交流的工具，帮助你多方位提升管理效力 | 4 | 云笔记、日程表、Teambition、家校合作平台 | 进一步修订完善学校信息化发展方案，并将学校管理信息化发展规划纳入其中，同时制作演示文稿展示学校信息化发展规划 |
| 作业 | 通过本次学习，你要完成一个学校信息化发展规划方案，并做成演示文稿与学友分享 | | | | |

在整个学习进程中，希望你能经常查阅此表，检查自己是否完成了预期任务，并了解后续任务。

**第三步：了解课程评价**

本课程建议采用如下方式进行评价：日常学习(30%)、过程性作业(30%)和结业作业(40%)。请仔细研究下面的课程评价量规，看自己怎样才能够达到优秀的标准。

**表1-2 “乡村学校信息化”课程评价量规**

| 评价项目 | | 评 分 依 据 | 评 分 备 注 |
|---|---|---|---|
| 日常学习(30′) | | 认真参与课堂练习，积极参与讨论，具有良好的合作精神 | 在本课程的学习中，过程性参与十分重要，这是达到课程学习目标的前提 |
| 过程性作业(30′) | | 部分专题后有相应的作业，认真完成作业，并在下一个专题开始前提交 | 这些过程性作业都是结业作业“学校信息化发展规划”的组成部分，并且进入下一专题都有互评的环节，因此，及时且认真地完成过程性作业是重要的 |
| 结业作业 | 规划方案(30′) | 内容完整、目标合理、分析全面、方案具有可行性和可操作性 | 相信你已经发现，结业作业并未增加新的内容，而是在过程性作业基础上的修订和完善。希望每次专题后的学习，信息化发展规则的质量都能获得螺旋式提升 |
| | 汇报展示(10′) | 制作PPT演示文稿介绍方案 | 这一部分是要大家共同展示课程学习的成果，通过交流分享得到更多启示 |

注：此表呈现的只是评分框架，可能根据课程实际情况做相应调整。具体以教师课上公布为准。

### 活动 2　思考本校信息化实践

**说明**：在本活动中，我们将通过头脑风暴的形式，加深对本校信息化教学实践的认识，并反思本校在信息化教学实践中存在的不足，明确努力方向。

1. 请结合本校实际情况，谈谈你们学校的信息化实践情况，信息技术的介入给学校的发展或教学带来了哪些改变。（可以从信息化环境、教学资源、教学方式、学习方式、教师发展、学校管理等方面进行考量）

2. 在信息化实践过程中，遇到了哪些挑战？你们是如何应对这些挑战的？

3. 假如让你现在制定学校的三年发展规划，你期望学校在信息化实践方面能有哪些改变或突破？

________________________________________

________________________________________

________________________________________

________________________________________

________________________________________

### 活动 3　聆听优秀校长的成长故事

**说明**：世界教育变革风云迭起，推进教育信息化已成为各国抢占教育发展制高点的重要举措。在这样的背景下，几乎每一个具备信息化基础条件的学校，都对信息技术的应用有了新的期待，更有一些学校正在积极地行动着。在本活动里，我们将共同研读优秀校长的成长故事，并结合自己学校的信息化教学实践，进行反思。

**案例 1**

**长春四十八中信息化教育案例**①

长春市第四十八中学是一所具有悠久历史的学校，在 20 世纪 80 年代，该校管理制度混乱不堪，教师队伍相对松散，致使该校的新生报到率仅有

① 田微. 为学校插上信息的翅膀，助推学校跨越式发展[EB/OL]. 2016 - 04 - 20.

53%，是长春市名副其实的三类三级的薄弱校。直到1996年，周恩芝校长受命接手了这个“烂”摊子。她上任后，深入了解了学校背景的复杂之处，果断英明地提出一系列决策，陆续在学校中开展新举措，如：整顿校规、实行全员聘任制和职务等级工资制等，这些使得学校加快步入了正轨。

当时，计算机辅助教育开始受到人们的关注，周校长捕捉到了这条重要的信息，开始将信息技术运用于学校的教学中。但资金是一大难题。于是，学校积极与上级部门和社会各界沟通，通过多方筹措与负债运营等方式争取资金支持。学校先后建设了多媒体网络教室、电子阅览室、电子资料库等。1998年初，学校派出专业教师到相关机构学习，对学科教师开展相关培训。教师们在实践中学习，在学习中实践，使学校的信息化教育先行一步，取得了卓越的成绩，成为长春市运用信息化教学手段的先锋。

当时，思想略微滞后的老教龄教师们并不完全接受信息化教学，但也没持反对态度，上级怎么说就怎么做。改革实施不久，学校取得成绩之大有目共睹——学生学习积极性远大于以往，课堂气氛活跃，学生发言踊跃。而且，周校长也经常私下和这些教师们交流，排除他们心中的疑惑。现在学校改革搞得红火，形成了一个以周校长为核心的领导班子。仅仅三年时间，周校长就使该校从全市有名的“薄弱校”一跃升为“一类一级校”；从670名在校学生、新生报到率仅53%发展到在校生近3000人，一校两部，幼、小、初教育一体化；从校园破烂不堪、遍地狼藉到处处充满现代人文气息。这就是现今远近闻名的长春市第四十八中学。

## 思考练习

➤ 在上述案例中，长春四十八中在信息化教学实践中，面临着哪些困难？为了解决这些问题，该校采取了哪些措施？你从中得到哪些启发？

**案例 2**

### 上海古美高级中学应用信息技术促进教学变革[①]

上海古美高级中学是闵行区教育局直管的一所公办普通高级中学，在2008年由两所普通高中合并而成，其教学质量一度不高、教师之间矛盾重重，同时面临着高考升学压力、学生生源等问题，在全区的高中排名属于倒数。

在2013年9月新校长郑荣玉上任之后，该校在实践信息技术与课程融合方面做了很多尝试和实践工作，特别是在利用信息技术支持师生的教与学方面。在充分地了解现阶段学生学习、教师教学过程中存在的问题及课堂教学现状后，考虑到学生的学习难度大、作业强度大、学习程度参差不齐、教师教学负担重等问题，郑校长决定从“减负”入手，以作业辅导为切入点，引入全套的信息化作业辅导与评价支持系统，学生可以通过它自主完成学习，教师也可以轻松批改作业，随时掌握学生作业完成情况。比较受师生欢迎的还有“微课大师”(简称“录课宝”)系统工具，教师可以通过它轻松录制“多媒体微课程”及“作业辅导微课程”，同时通过平台上的学生微课程学习及作业完成状态的监控功能，定位到每个学生的自主学习和作业情况，大大减轻工作强度。

在课堂教学中，学校采用翻转课堂教学模式，同时将多媒体课件、电子白板、电子书包等应用于课堂教学中，辅助教师进行课堂教学。课前，学生在学习终端(可以是平板，PC机)运用“多媒体微课程教材”自主学习，每个微课程通常只有几分钟时间；课中，基于学生自主学习情况，教师通过“智慧课堂”教学专题让学生结合具体问题分析讨论，学生可以利用手机拍照上传自己的学习情况，教师则可以在大屏幕上进行有针对性的点评，实现大面积的师生互动和问题及时反馈；课后，学生如果在作业中碰到问题，可以点击“作业辅导系统”中对应的具体题目的教师讲解，获取教师“一对一”的辅导，学生也可以通过“错题库”专题及时发现自己学习上的问题。

在对学生作业批改、学习情况评价方面，教师们也不再需要像往常一样

① 本案例根据上海市古美高级中学郑荣玉校长访谈整理而成。

辛苦地重复性评卷子，而是可以通过系统进行自动评分，也可以通过系统平台上的监控和作业情况监控轻松掌握班级上每个学生的学习情况及全班学生作业的问题所在。教师不但从中省下了不少时间，而且能根据学生作业中反映出的错误进行课堂教学设计，真正实现"以学定教"。

至此，该学校发生了翻天覆地的变化，学校的升学率、教学质量、教师氛围、生源情况、家长满意度、学校影响力等稳步提升。在2014年6月的高考中，其升本率比2013年提升了24%，2015年，又在此基础上提升了5%，2016年，进一步提升了16%，直逼区重点中学，该校也成为了2013—2015年的电教系统国家信息化教育示范校。

**思考练习**

➤ 信息化社会日新月异，教育改革必须与时俱进。在本案例中，郑校长能把握时代脉搏，勇于创新，使学校脱胎换骨。请你认真分析该校做法及成功的原因，思考它对本校的信息化教育实践的启示，并与同伴进行交流。

________________________________________

________________________________________

________________________________________

### 活动4 了解技术给教育带来的变革

**说明：** 在本活动中，我们将通过热词解读，了解国内教育信息化领域中的前沿动态，帮助大家更好地理解技术带来的教育变革。

国际新媒体联盟(New Media Consortium, NMC)所发布的"地平线报告"(Horizon Report)是了解教育教学中技术发展及应用趋势的显示器与风向标①。概览2011—2016年地平线报告中所列出的技术，其预测的教育技术发展趋势与国内教育信息化中技术的研究与应用实践存在多方面的吻合，如MOOC、移动学习、翻转课堂等，见表1-3。

① 国际教育信息化2013地平线报告(高等教育版)[J].北京广播电视大学学报，2013(2)：7—26.

表 1-3　地平线报告近五年的研究热点的梳理

| 年份 | 版本 | 短期(1 年内) | | 中期(2—3 年) | | 长期(4—5 年) | |
|---|---|---|---|---|---|---|---|
| 2011 | 高等教育 | 电子书 | 移动技术 | 增强现实 | 基于游戏的学习 | 基于手势的计算 | 学习分析 |
| | K-12 | 云计算 | 移动技术 | 基于游戏的学习 | 开放内容 | 学习分析 | 个人学习环境 |
| 2012 | 高等教育 | 移动应用 | 平板电脑 | 基于游戏的学习 | 学习分析 | 基于手势的计算 | 物联网 |
| | K-12 | 移动设备和应用程序 | 平板电脑 | 基于游戏的学习 | 个人学习环境 | 增强现实 | 自然用户界面 |
| 2013 | 高等教育 | MOOC | 平板电脑 | 游戏和游戏化 | 学习分析 | 3D 打印 | 可穿戴技术 |
| | K-12 | 云计算 | 移动学习 | 学习分析 | 开放内容 | 3D 打印 | 虚拟和远程技术 |
| 2014 | 高等教育 | 翻转课堂 | 学习分析 | 3D 打印 | 游戏和游戏化 | 量化自我 | 虚拟助手 |

2011 年被加拿大《环球邮报》评为影响课堂教学的重大变革技术“翻转课堂”风靡全球。而后微课程悄然兴起，迅速成为中小教师日常教学应用的新宠。与此同时，MOOCs 冲击传统高等教育模式，掀起教育史上“一场数字海啸”，并逐步渗透到基础教育领域。2013 年“地平线报告(基础教育版)”中将“虚拟和远程实验室”列为 4—5 年内将对教育领域产生重大影响的技术，虚拟仿真成为实验教学新手段。近年，随着社会各界对实践型、创新型人才培养的不断呼吁，“创客教育”开始受到前所未有的关注和重视。

我们对近五年“地平线报告”中的热词进行了梳理，筛选出近五年内教育技术领域的关注热点。希望通过对这些热词的解读，能够让你对技术改变教育有更全面和深入的认识。接下来，请你认真学习表 1-4 中的材料，并与同伴共同完成后面练习。

表 1-4 热词解读①

| 热点 | 解释 |
| --- | --- |
| 微课程 | 在当前的教学实践或相关文献中,不同的人根据不同的视角或者不同的应用场合对微课程概念有不同的理解。黎加厚教授认为:"微课程"是指时间在 10 分钟以内,有明确的教学目标,内容短小,集中说明一个问题的小课程。一个典型的微课程需要包含以下构成要素:目标、内容、教的活动、交互、多媒体。具有的特征包括:容量小——一个微课程只围绕一个知识点或技能点;时间短——教学视频一般不超过 10 分钟;自足性——包含讲解某个知识点所有必要信息,学生可以凭借它完成自主学习;基元化——对于一个知识点或技能点的学习,微课程往往是呈现了最小单位的学习内容;易传播——利用数字化终端,支持移动学习 |
| 翻转课堂 | 与传统的课堂教学模式不同,在该教学模式下,学生在家完成知识的学习,而课堂变成了师生之间互动的场所,包括答疑解惑、知识的运用等,从而达到更好的教育效果。随着互联网的普及以及计算机技术在教育领域的应用,该教学模式变得可行和现实。学生可以通过互联网去使用优质的教育资源进行学习,不再单纯地依赖授课教师面授知识。由此,课堂和教师的角色则发生了变化,教师则主要负责理解学生的问题和引导学生去运用知识。实施翻转课堂的关键因素归纳为:教师角色、教学视频、个性化协作式学习环境的构建及课堂活动设计。具有的特征包括:教学视频短小精悍;教学信息清晰明确;重新建构学习流程;复习检测方便快捷 |
| 电子书包 | 从数字出版角度出发,将电子书包看成是若干电子书按照科学的结构整合而成的数字化教学资源包,包含学生需要的教材、教辅、工具书等,强调电子书包的资源数字化特性;从硬件装备角度出发,将电子书包看作一种未来型的教育电子产品,整合了数字阅读和上网通信两大主要应用功能,体现电子书包的移动数字终端特性。从电子书包教育教学的系统功能架构角度来看,电子书包是整合了电子课本阅读器、虚拟学具,以及联通无缝学习服务的个人学习环境。这种理解涵盖了电子书包的全部范畴,体现了电子书包个性化、移动性、按需服务的关键特性。具有以下特征:轻便,电子书包里面可以存放电子课本,实践了国家的"减负"号召;价格适中;保护环境 |
| MOOCs | MOOCs(Massive Open Online Courses)是大规模开放在线课程的简称,国内有人将其读音译为"慕课"。可将 MOOC 划分为三种类型:xMOOC(基于网络的 MOOC)、cMOOC(基于内容的 MOOC)及 tMOOC(基于任务的 MOOC)。具有如下特征:大规模(Massive);开放(Open);在线(Online):任何人可以在任何时间、任何地点,按照自己的节奏学习,并且能够及时得到学习反馈;还意味着可以适时记录学习者的学习行为和过程,便于在大数据分析的基础上,掌握学习情况;课程(Course) |
| 虚拟实验 | "虚拟实验"这一概念由美国弗吉尼亚大学的威廉·沃尔夫教授于 1989 年第一次提出在实验课堂上,学生可在电脑上模拟完成理、化、生学科教材中所涉及的各项实验。通过自由选择模拟器材,改变各项参数,任意搭建实验,不管操作正确与否,均可以获得与实际相似的现象和结果,对错误的操作,会提出纠正。这种借助多媒体、仿真和虚拟现实等技术,在计算机和网络上搭建的可辅助、替代传统实验各操作环节的软硬件操作环境就是虚拟实验。目前中小学所使用的虚拟实验教学软件主要分为两类:课件类和平台类。具有以下特征:突破了空间的约束;超越了时间的限制;高安全性;随时随地使用 |

① 祝智庭,闫寒冰.技术改变教学[M].陕西师范大学出版社,2015.4.

（续表）

| 热点 | 解　　释 |
| --- | --- |
| 移动学习 | 简称 M-Learning，焦建利教授认为，学校环境下的移动学习的模式通常包括三种，分别是："一对一数字化学习，也就是国内所谓的'电子书包'。自带设备计划(BYOD)，这是一种源自于 IT 企业的由用户(学习者)自己携带自己的移动终端进行工作或学习的模式，近年逐渐为国外一些学校所接受。基于移动终端的校园服务和自主学习。"移动学习更易于在学校教育情境之外展开，其核心特征在于"随意性"，即可发生在多种环境和多种时间，并表现为多种形式。从这一点上看，与数字化学习一样，移动学习仍然是面授教学的辅助形式，或者说，是"可移动的"辅助形式 |
| 数字徽章 | 数字徽章是一种在在线环境中由组织机构授予学习者的数字图章和标记，它的目的是用以展示学习者的某项才能或成就，激发学习者的学习兴趣。同传统的评价方式不同之处在于，它能对学习者更多的技能进行评估，是一种新型证书，用来对应当前不断增加的社会化学习行为和成就。不管是正式学习还是非正式学习，数字徽章都能给予评价和认证。而且，它既能对传统的学习结果进行评价，也能对学习过程进行认证，即对学习者分数之外的技能给予认可。例如，在学习过程中，如果学习者完成课程的学习，会给他颁发"课程徽章"，如果他积极参加学习活动，则会给他颁发"活动徽章" |
| 创客教育① | 目前，创客教育正在不断探索中，大家对它的理解各异，目前还没有一个统一的定义。祝智庭教授总结创客教育具有以下 8 个要素：课题的切身性；课题的复杂性；充足的资源；互动和合作；高强度激发学生的自觉性和潜能；合理的时间安排；分享教育；新颖性，并提出创客教育理念是在多种教育理念的基础上提出来的，比如体验教育、项目教学法、创新教育和 DIY 理念等 |

## 思考练习

**【分享与交流】**请思考你们学校在平时教学和学校管理过程中，是否使用过上述技术？若使用过，请与大家分享你校的经验。若没有使用过，请列举你校近五年在教学中采用的新技术，并同大家交流你校是如何实现技术与课程的整合的。

________________________________________

________________________________________

________________________________________

① 祝智庭，孙妍妍. 创客教育：信息技术使能的创新教育实践场[J]. 中国电化教育，2015(1)：14—21.

## 作业

请你从教育教学、软硬件设备、管理机制、教师能力、家校沟通等方面描述本校信息化建设情况，并分析当前存在的问题。

## 李校长的反思

**注：**下文中的"柯县一中"是一个基于若干真实学校的情况所模拟出来的，"李校长"是这所学校的主管校长，也是培训班中的一名学员。在本教材每一专题的后面，"李校长"都有学习与实践后的反思，从中我们可以看到一个勤勉同行的所思所想，有助于更好地理解教材内容。

刚刚参加这个培训的时候，只是想来开阔一下眼界，现在知道此次培训是基于任务的，最终的成果是完成一个三年的学校信息化发展规划——这正是我想做却不知如何做起的事情。

我们学校名为"柯县一中"，是一所县级的完全普通中学，现在校师生2 900余名，分高中和初中两个教学部，其中高中有24个教学班，初中有29个教学班，共53个教学班。在编在岗教师195人，是一所环境优美、年轻且富有活力的学校。说起信息化建设，我校刚刚入选市里的信息化发展校（市里为支持信息化建设，开展了"实验校"和"发展校"的建设。"实验校"往往是在信息化建设方面已做出成绩的学校；"发展校"是有潜力开展教育信息化的学校），市里在十三五期间每年会投入20万元支持我校的信息化建设。有了经费的支持，我们确实想在信息化建设方面有所作为，但同时我也有很多困惑——以前的很多失败经历让我不得不对信息化说：想说爱你不容易。

从软硬件设备来看，我们每个教室都配备有投影设备、视频设备、大屏幕等，基本为"班班通"教室的标配，还配有26台交互式电子白板。每位教师均配备了电脑，且全部联入了互联网。

从教育教学的角度来讲，有一些年轻教师会使用PPT，大部分教师也可以采用信息化备课，我也曾请专家来学校讲过信息技术应用方面的主题，但总的来讲，教师会不会运用信息技术，除了在开设公开课方面有一些优势外，很难讲到底给教学带来什么好处。由于对这一点不确定，所以在管理机制上，我们对信息技术的应用也没有什么特别的要求。

从教师能力上来讲，教师信息化教学水平只是停留在PPT教学使用上，使用者主要是青年教师。但除此之外的技术应用非常少。如果不谈信息化教学能力，学校教师们的授课水平也参差不齐，有一部分老师甚至讲不明白课本知识——这可能是我最为发愁的，但编制紧张，目前也没有什么好的解决方法。

从家校沟通方面来看，家长们的智能手机拥有率还是很高的，远远高于个人电脑的拥有率，所以班主任教师会建个微信群，与家长们保持沟通。

通过专题一的学习，我有两点明确的认识。第一，信息技术的应用必须重视，它的发展日新月异，信息技术不是公开课的噱头，而是提高教学实效的利器。第二，信息技术的应用是一个系统工程，我意识到，当前信息技术的应用已不再是个体教师掌握哪些技术的问题，而是一个学校的信息化体系如何构建的问题。如果不是在系统下思考问题，很多工作就可能是无用功。在"古美中学"的案例中，学校校长找到了关键的切入口，从信息技术支持"减负"做起，一步一步都是踩到关键点上，教师们似乎也并没有在技术应用上勤学苦练，而是在有序的部署下，开展了"静悄悄的革命"，这是我特别要学习的。

此外，本专题提到的翻转课堂、微课程等，我先前在外出听课时也早有耳闻，我在想我校是否可以在这些方面也有所突破——在学习了专题一后，我马上联系了市里指导学校信息化建设的专家，他明确地说翻转课堂模式是可以在初、高中阶段来使用的，但必须要审慎地设计和体系化地推进。我想，这个培训班正是一个让我好好构想信息化规划的好机会，恰好培训班是每周一次课，我想自己还是有时间充分地想一想的。

专题二

# 规划学校信息化发展

## 概述

在这个专题的学习中，你将了解规划学校信息化发展的关键步骤。活动 1 将有助于你了解校长信息化领导力的内涵和结构；活动 2 将通过若干工具的学习，帮助你掌握分析学校信息化发展中所存在问题的方法；活动 3 将帮助你理解农村地区开展信息化建设的特点与策略；活动 4 将帮助你按照一定的框架开启信息化发展规则之旅。本专题学习结束后，你便可以开始制定自己学校未来三年的信息化发展规则。

## 专题问题

1. 校长信息化领导力包括哪些方面？
2. 鱼骨图工具的主要用途是什么？有哪些使用步骤？
3. SWOT 分析中的 S、W、O、T 分别指什么？
4. SMART 目标管理法的五个条件是什么？
5. 利益相关矩阵中将相关利益者分为哪四类？在一个项目中，为了使利益相关者支持项目发展，应该如何对待这四类利益相关者？
6. 农村学校信息化建设的特点是什么？有哪些策略可以促进信息化建设？

## 专题任务

◇ 理解校长信息化领导力的内涵及结构。
◇ 掌握可以用于分析学校信息化现状的工具。
◇ 掌握组建信息化建设项目团队的思考要领。
◇ 理解农村学校开展信息化建设的策略。
◇ 启动信息化发展规划的制定。

### 活动 1　理解校长信息化领导力

**说明：** 校长是学校信息化工作的带头人、组织者和践行者，信息化领导力是中小学校长必备能力素质之一。为了促进中小学校长专业发展，全面提升中小学校长信息化领导力，教育部研究制定了《中小学校长信息化领导力标准（试行)》。在本活动中,我们将通过案例分析与标准研读的形式,共同探讨中小学校长信息化领导力标准的内涵与要求。

**第一步:案例研讨**

请浏览下面的案例,关注案例中的校长是如何推进学校信息化建设的。

**案 例**

**“不抛弃,不放弃”——从一则案例谈校长的信息化领导力**①

J学校是上海市首批农村教育信息化实验学校。经过实践,学校从信息化“荒芜”学校走向信息化应用示范学校,实现了跨越式发展。校长究竟应该怎样领导全校教师共同推进信息化工作?下面是对这位校长的访谈,看看这位校长是怎么说的。

问:作为校长,您在推进学校信息化应用方面有哪些举措?

校长:我们始终抱着一个信念——决不抛弃,决不放弃,咬定目标不放松,坚定地推进教育信息化应用工作。在具体推进过程中,首先,我们制定了学校信息化发展规划,这个规划一定是符合学校实际并可操作的。规划包括实验项目、实验方案、计划表及项目组织机构。其次,推进信息技术在教育教学中的应用时,一方面加强教师的应用力度,另一方面提高学生的信息素养。再次,我们加强了对信息技术应用的奖励制度,制定了信息技术应用先进个人和各项活动竞赛的奖励细则,用评价机制引导应用。与此同时,我们还注重制度的建设和信息化文化氛围的营造,如设备管理制度、博客上传制度等。鉴于我校农民工子女占多数,我们正在思考如何在信息化环境下聚焦农民工子女教育问题,实现学校内涵发展。

问:在学校信息化推进过程中,您认为校长应具有哪些素养?

校长:对我本人来说,还是“决不抛弃,决不放弃”。一方面,从思想上,我丝毫不放松对信息化工作的领导和管理,不断强化我校管理团队的应用意识,使教育信息化的推进成为管理团队的自觉行为。另一方面,我本人也积极学习信息技术,提高自身的信息素养,通过自身的应用,无声地影响师

① 秦红斌.“不抛弃,不放弃”——从一则案例谈校长的信息化领导力[J].中小学信息技术教育,2009(9):53—54.

生，起到榜样作用。我认为，校长不一定要成为技术专家，但必须对技术有所了解，要对技术在教学中的应用有所了解，能对技术在教学中的应用有所感悟。

## 思考练习

➢ 案例中的校长在推动本校信息化建设过程中做了哪些事情？

______________________________

______________________________

➢ 结合案例分析及你个人的理解，谈谈在推进学校信息化应用的进程中，校长应该需要具备哪些能力？

______________________________

______________________________

**第二步：了解《中小学校长信息化领导力标准》**

为全面提升中小学校长信息化领导力，促进信息技术与教育教学深度融合，加快基础教育信息化步伐，教育部研究制定了《中小学校长信息化领导力标准(试行)》①(以下简称《领导力标准》)，并于2014年12月颁布。请仔细研读下文，并利用“基本要求”部分的条目进行自查，请你根据自己的实际情况，给☆涂上颜色。(完全不符合★，不太符合★★，一般★★★，比较符合★★★★，完全符合★★★★★)

## 中小学校长信息化领导力标准(试行)

### 一、基本理念

**(一) 引领发展**

校长是学校信息化工作的带头人。要认识信息技术对教育发展具有革命

① 教师司函[2014]97号文件.“关于印发《中小学校长信息化领导力标准(试行)的通知》”[Z].

性影响的重要意义，理解国家教育信息化的方针政策与战略部署，把握信息技术带来的历史性机遇，引领教育理念变革，促进教学模式创新，推进管理方式转变，不断加快学校教育现代化步伐。

### （二）协同创新

校长是学校信息化工作的组织者。要深入了解信息化工作的系统性、复杂性，努力调动多方面积极因素，整合多方面资源，推进学校信息化发展；要加强与学校广大师生员工的沟通，达成加快信息化步伐的共识；要积极与科研机构、高等学校、高新企业等合作，寻求多方面资源支持，推进学校信息化快速、可持续发展。

### （三）提升素养

校长是学校信息化工作的践行者。要遵守国家相关信息技术应用的法律法规，规范信息技术应用行为；具备基本的信息素养，能利用互联网实现自主学习、终身学习；关注信息技术发展趋势，推进信息技术与教育教学的深度融合，不断提高教育教学质量。

## 二、基本要求

| 专业职责 | 核心要求 | 自查 |
| --- | --- | --- |
| （一）规划设计 | 1. 依据有关规划要求，结合学校实际情况，组织编制信息化发展规划，并将其作为学校整体规划的重要组成部分 | ☆☆☆☆☆ |
| | 2. 遵循新课程改革理念，以教育理念转变和教学模式创新为突破口，组织制订各学科应用信息技术的具体办法，推进信息技术与教育教学的深度融合 | ☆☆☆☆☆ |
| | 3. 组织制订教师信息技术应用能力培训研修计划，提高教师信息素养和信息技术应用能力 | ☆☆☆☆☆ |
| | 4. 组织编制信息技术课程教学计划，设计课内外信息技术主题活动，提高学生信息素养和利用信息技术进行自主学习、合作学习和创新应用的能力和水平 | ☆☆☆☆☆ |
| | 5. 依据有关政策，组织制订学校信息化规章制度，建立人事、财务、资产管理等信息化工作保障机制，促进学校有关信息化基础设施、教学资源的有效应用 | ☆☆☆☆☆ |
| （二）组织实施 | 6. 推动教师运用信息技术，开展启发式、探究式、讨论式、参与式教学，研发多种主题、形式的校本课程，创新教学模式，提升教育教学质量 | ☆☆☆☆☆ |

续 表

| 专业职责 | 核心要求 | 自查 |
|---|---|---|
| (二)<br>组织实施 | 7. 组织教师参加培训,更新教育理念,提高信息素养和信息技术应用水平。推动教师运用网络自主学习,有效使用网上优质教育资源;利用网络研修社区,依托学习共同体,积极参加有关专业学习活动,促进自身专业成长 | ☆☆☆☆☆ |
| | 8. 尊重教育规律和学生身心发展规律,不断优化信息技术学习环境,鼓励学生健康上网;满足学生的个性化发展需求,提升学生信息化环境下的自主学习能力,增强学生运用信息技术发现问题、分析问题和解决问题的能力 | ☆☆☆☆☆ |
| | 9. 组织建立健全学校信息化发展规章制度,引导、规范广大教职员工在工作中积极有效地应用信息技术,优化管理流程,提升管理效率 | ☆☆☆☆☆ |
| | 10. 组织运用信息技术对人事财务、资产后勤、校园网络、安全保卫与卫生健康等进行管理,并逐步加强对教学质量的监控和学习过程的记录,提高利用信息技术服务师生的能力水平 | ☆☆☆☆☆ |
| | 11. 组织建设校园信息网络,介绍学校工作成效,弘扬学校优良传统,向师生推荐优秀精神文化作品和先进模范人物,营造校园优良育人氛围,努力防范不良的流行文化、网络文化对学生的负面影响 | ☆☆☆☆☆ |
| | 12. 组织建立"家庭—学校—社会"信息沟通系统,加强学校与家庭和社会的联系,帮助家长了解学校工作情况和学生身心发展特点,掌握科学育人方法;争取社会和家长对学校工作的理解、支持,营造学校改革发展的和谐氛围 | ☆☆☆☆☆ |
| (三)<br>评价推动 | 13. 组织评估教师的信息技术应用能力、信息技术与教育教学融合的程度等,依据结果调整教师专业发展策略 | ☆☆☆☆☆ |
| | 14. 组织评估学生的信息素养以及利用信息技术进行学习的能力,不断提高学生协作与创新水平 | ☆☆☆☆☆ |
| | 15. 组织评估学校信息化环境建设状况及终端设备、工具平台、软件资源的使用绩效,促进软硬件资源的有效配置和利用 | ☆☆☆☆☆ |
| | 16. 组织评估学校信息化相关政策制度、专项经费、队伍建设的合理性、有效性,并制定相应整改措施 | ☆☆☆☆☆ |

## 三、实施建议

该标准是中小学校长信息化时代履行工作职责的准则,是各地开展中小学校长信息化领导力培养、培训和测评等工作的重要依据。幼儿园园长、中等职业学校校长可参照执行。

(1) 各级教育行政部门要将《领导力标准》作为中小学校长队伍建设和学校信息化发展的重要依据。要充分发挥标准的引领和导向作用，建立中小学校长信息化领导力的培养培训质量保障体系，为实现中小学信息化发展提供制度保障。鉴于地区差异，各地教育行政部门可以依据该标准制定符合本地实际情况的实施意见。

(2) 有关高等学校和校长培养培训机构要将《领导力标准》作为中小学校长信息化领导力培养培训的重要依据。要根据中小学校长实际需求，结合信息技术发展趋势，完善培养培训方案，研发培养培训课程，改革培养培训模式，保障培养培训质量，促进校长信息化领导力全面提升。

(3) 中小学校长要将《领导力标准》作为促进自身专业发展的重要依据。要增强提升信息化领导力的自觉性，主动参加培训研修，不断提升信息素养，创造性地规划设计、组织实施和评价推动学校信息化工作，与时俱进地引领学校信息化发展，成为符合信息化时代要求的学校领导者。

## 思考练习

➢ 在学校信息化建设中，校长应该扮演什么角色？推动学校信息化发展的落脚点在哪里？

______________________________

______________________________

______________________________

➢ 你对自己信息化领导力的总体评价：________颗★。

■ 1—5 项平均得分：________颗★(规划设计层面)。

■ 6—12 项平均得分：________颗★(组织实施层面)。

■ 13—16 项平均得分：________颗★(评价推动层面)。

➢ 针对自己当前做得不好的方面，谈谈后续改进的想法。

______________________________

______________________________

______________________________

## 活动 2　分析学校信息化发展中的问题及需求

**说明**：通过上一个活动的学习，我们了解到校长在学校信息化建设进程中所要承担的责任，那么，作为校长，该如何推动本校信息化建设，实现教育理念的变革、教学模式的创新、管理方式的转变以及教学质量的提升呢？

> 任务情境：为了稳步深入地推进教育信息化工作，促进学生全面发展，提升管理效率和水平，县教育局要求各校拟定本校未来三年的信息化发展规划，并于三个月后在县年度教育工作会上进行汇报。
>
> 请你结合本校实际情况，拟定本校未来三年信息化发展规划。
>
> 特别提示，这个任务将贯穿整个培训始末。在每一个专题学习结束后，你将不断补充、修改并完善你的规划方案。

若要完成学校的信息化发展规划，首先就要对学校的现有情况进行全面系统的调查与分析，而这项工作的进行可以借助多种工具。

**第一步：利用鱼骨图分析当前问题及原因**

鱼骨图也叫因果关系图或石川图，是由日本著名管理大师石川馨先生提出。鱼骨图常用于复杂事物的分析，是一种发现问题“根本原因”的方法，因其简捷实用、深入直观而广受欢迎。因为图形看上去有些像鱼骨，而被称为鱼骨图。鱼骨图有三种类型：①整理问题型鱼骨图；②原因型鱼骨图；③对策型鱼骨图。在调查分析问题时，主要应用的是原因型鱼骨图。

原因型鱼骨图的形状如图 2-1 所示，“鱼头”部分标示要分析的问题，“鱼身”部分由三种“骨”组成，分别是大要因、中要因和小要因。在使用鱼骨图时，一般采用如下步骤：

1）首先找出要解决的问题，将问题写在鱼头上；

2）召集相关人员，以头脑风暴的方法讨论产生该问题的大要因；

3）在每个大要因下，头脑风暴所有可能的中要因，并在相应的鱼骨上标出。

4）继续问“为什么会这样”，挖掘更深层次的原因——小要因。

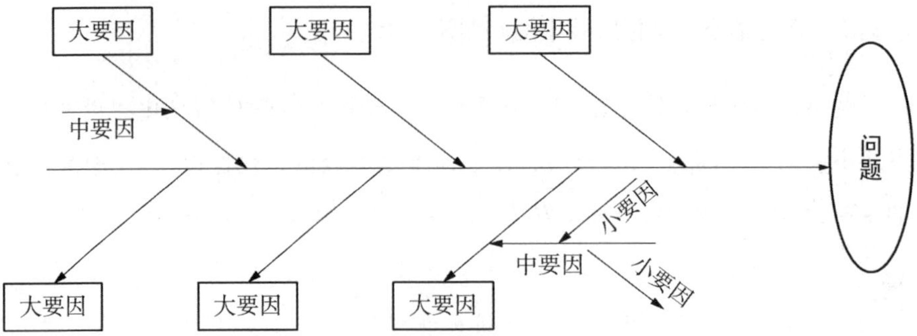

图 2-1 原因型鱼骨图

5）当已挖掘不出原因时，将注意力放在鱼骨图中想法很少的要因上。

6）全面浏览分析所有小要因，从中归纳出几个重要小要因。这些小要因将成为解决“鱼头”所示问题的关键。

在应用鱼骨图时，要注意以下几点规则：

1）大要因必须用中性词描述（不说明好坏），在确定大要因（大骨）时，可参考一些成熟的分类方法，如：

● 管理问题，可以考虑“人机料法环测法”。“人”指的是项目或事件中涉及的人员相关问题；“机”指的是项目或事件中所使用的设备、工具等问题；“料”指的是工作或事件中所涉及的原材料、资源等问题；“法”指的是项目或事件中所需遵循的规章制度、操作规程等问题；“环”指的是项目或事件中涉及的环境问题，包括物理环境和社会文化环境等；“测”指的是对项目或事件测量的问题。

● 教学问题，可以考虑人、理念、方法、环境、工具的分类。“人”是在教学中相关人的能力素质，主要是教师和学生；“理念”指的是教学模式所代表的理念；“方法”指的是具体的教学方法；“环境”是指物理环境，如：桌椅摆放、软硬件设备等；“工具”是指教学使用的思维工具、实验工具等。

以上设置大要因的方法要根据实际情况进行调整，但没有一定之规，重要的是在相应问题情境下找到发现问题的主要路径。

2）在描述中要因时一般要使用价值判断，如：……事项良好；……事项不良。但在具体操作时，有时也可以将中要因写成中性词，作为进一步分类来处理。

3）在描述小要因时必须使用价值判断。

例如，一个学校的年度教研主题是“促进合作学习”，但在推进时发现推进效果不好，这个时候，校长可以组织教师们利用因果型鱼骨图进行梳理，集体诊断问题，如图 2-2 所示。

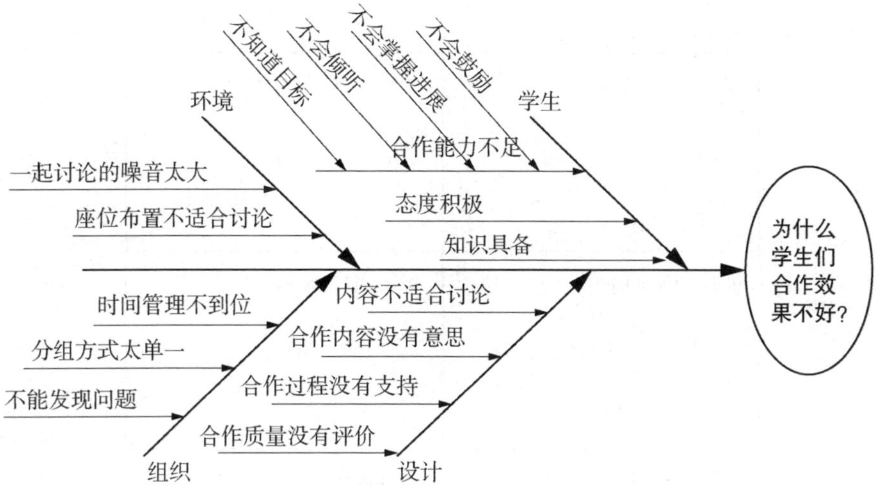


图 2-2　利用鱼骨图集体诊断“为什么学生们合作效果不好”这一问题

在梳理的过程中，从学生、环境、设计、组织四个大要因去发现梳理原因，进而分解中要因和小要因。在这个过程中，团队还要集体判断，哪些小要因是关键原因，然后将突破问题的重点放在这些小要因上。比如说，上图的分析中，学校的教研团队可能最后会将学生的“合作能力不足”作为重要的小要因来对待，从而针对性地思考解决方案。

## 思考练习

➢ 请你用鱼骨图法分析自己学校信息化发展中存在的问题及原因。

**第二步：利用 SWOT 工具分析学校当前情况**

SWOT 是在分析某个项目（如：信息化教育改革项目、教改项目等）开展背景时的得力工具。一个 SWOT 图由四部分组成，分别是 S(Strengths)优势、W(Weaknesses)劣势、O(Opportunity)机会、T(Threats)威胁。SWOT 分析模型如图 2-3 所示。

| 优势（Strengths） | 劣势（Weaknesses） |
| --- | --- |
| | |
| 机遇（Opportunity） | 威胁（Threats） |
| | |

图 2-3　SWOT 分析模型

优势和劣势指的是项目开展所处环境（如组织或机构）内部的因素，机遇和威胁指的是外部的因素。

SWOT 分析的一般步骤如下：

1）画出 SWOT 分析模型图，标出优势、弱势、机遇、挑战；

2）通过头脑风暴，尽可能全面地写出项目开展的内部优势与劣势；

3）通过头脑风暴，尽可能全面地写出项目开展的外部机遇和外部挑战（外部因素是组织内成员无法控制的因素）；

4）利用图 2-4 汇总分析的结果。对于既是外部机遇同时又是内部优势的事项，要充分利用；对于有外部机遇而机构内部是劣势的事项，要抓紧改进；对于内部有优势而外部有挑战的事项，要进行严密的监控；对于内部有劣势而外部也面临挑战压力的事项，要快速消除。

利用 SWOT 可以对一个项目开展的背景情况进行简单的分析，但这种分析一定要基于对背景情况的充分认知。为此，在进行 SWOT 之前，往往需要进

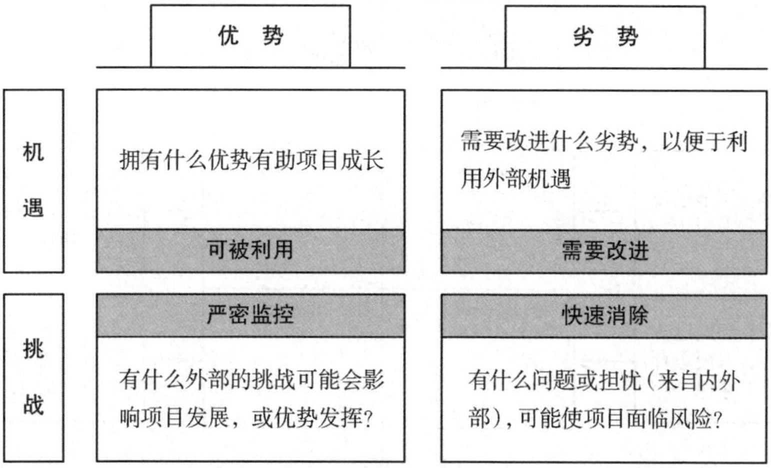


图 2-4　SWOT 汇总模型

行一定的调研，以便了解更为准确的信息。例如，如果在学校开展信息化建设项目，需要在 SWOT 之前开展如图 2-5 所示的调研工作。

而在开展每项调研时，也应该先确定框架与访谈问题，以便全面地获取信息。例如图 2-5中，对于信息化示范校的调研时，调研框架就可以进行如表 2-1 的设计。

**表 2－1　对信息化示范校的调研框架**

| | 理念 | 挑战 | 举措 | 仍然存在的问题 | 未来打算 |
|---|---|---|---|---|---|
| 教育教学 | | | | | |
| 软硬件设备 | | | | | |
| 管理机制 | | | | | |
| 教师能力发展 | | | | | |
| 家校沟通 | | | | | |

信息化教育改革是一个系统工程，即便是在一所学校里开展相应建设，也会涉及多方投入，因而充分的调研是必须的。

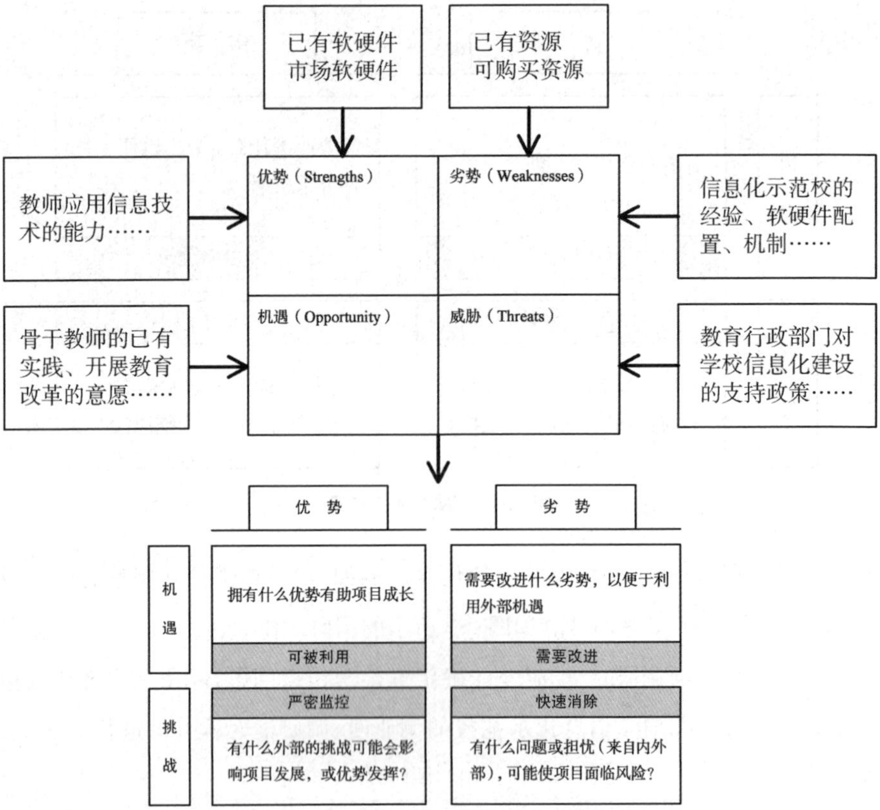


图 2-5 某校开展信息化教设的 SWOT 汇总模型

## 思考练习

➢ 如果你在自己的学校里开展信息化教学改革（或信息化建设），你将从哪些方面开展调研（参照图 2-5），请为每一项调研思考调研框架。

➢ 利用 SWOT 分析工具，初步分析你们学校开展信息化教学改革（或信息化建设）的优势、劣势、机遇和威胁。

| S | W |
| --- | --- |
| O | T |

图 2-6　SWOT 分析模型

➢ 请结合你的 SWOT 分析结果，谈谈你将如何扬长避短，推动学校信息化发展。

**第三步：问卷调查工具**

在开展信息化建设的前期调研时，有时会需要问卷调查。由于面对面访谈所需要耗费的人力及时间成本较高，不利于开展大规模调查。当涉及的调查及分析对象较多，或者部分问题更适合匿名回答时，可采用问卷的形式对现状及问题进行基本判断。

接下来，我们将以“问卷星”为例，一起来学习问卷调查的工具。

问卷星是一个专业的在线问卷调查、测评、投票平台，专注于为用户提供功能强大、人性化的在线设计问卷、采集数据、自定义报表、调查结果分析系列服务。作为问卷星的用户来说，问卷星目前有几大优势：①简便：操作简便、填写方便。不管是设计问卷还是填写问卷，操作都非常简便；②经济：可以节省人力、物力成本；③高效：回收快捷，且具有自动统计的功能。

（1）用户注册。登录问卷星网站（www. sojump. com），进行注册。

图 2-7 问卷星注册界面

（2）设计问卷。你可以选择创建问卷的类型。问卷星中提供了调查、考试、投票、报名表单、360 测评及测评等不同类型的问卷。你可以根据自己的需要选择合适的类型。

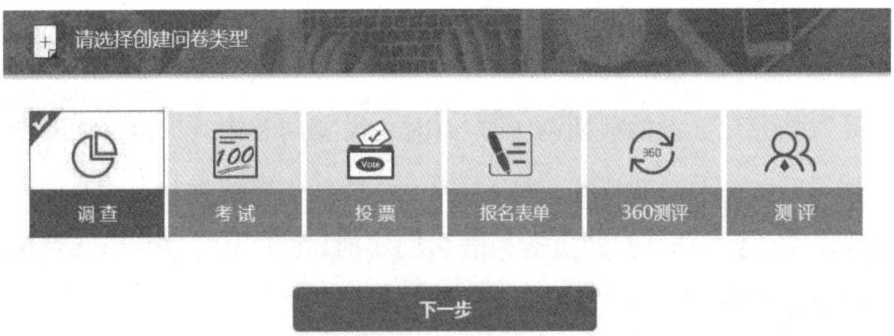


图 2-8 问卷类型

问卷星提供了三种创建问卷的方式，你可以通过搜索问卷模板的形式，在已有模板的基础上编辑问卷，也可以将本地 Word 文档中的问卷导入到问卷星中，还可以使用平台中提供的录入服务。当然，你也可以不使用这三种方式，自己创建空白的问卷开始编辑。

问卷星中提供了大量的题型可供选择，如单选题、多选题、填空题、矩阵题、排序题等。你还可以设置跳转题（根据不同的选项结果跳转到不同题目）及必答题。

图 2-9 创建问卷方式

(3) 问卷发布及填写。问卷发布后将生成一条问卷链接（也可以生成二维码），参与调查人员只要打开链接地址或扫描二维码即可填写问卷。

(4) 问卷结果统计。回收答卷之后，系统会自动进行分析统计，进入“分析＆下载——统计＆分析”中即可查看和下载调查报告。

图 2-10 问卷统计分析

虽然问卷星是简单易用的在线问卷工具，但设计问卷大有学问。很多调查都因为问卷本身的设计有问题，导致调查结果无法采用。因此，在设计问卷时可参考以下建议：

1）如果涉及复杂问题的调研，可请专家团队介入问卷设计。

2）对于一些常规问题的调研，可以事先搜索成熟的问卷调查表，在此基础上进行修改效果更好。

3）对于一般可以把握的问卷设计，在设计完成时，可使用表 2-2 所示的“问卷调查自查表”进行自查，在发送前，可请两三个人试做一下，以发现细节问题。

**表 2-2 问卷调查自查表**

(1) 此问卷的目的是什么？________，是否所有的问题都为这个目的服务？

________________________________________

________________________________________

(2) 你打算从哪几个方面调查该主题的相关情况？________、________、________、________

你为什么选择这几个方面进行调查，是否还有其他方面值得调查？

________________________________________

________________________________________

________________________________________

问卷调查表中的问题是否覆盖了以上要调查的各个方面？是否还要补充一些问题？

________________________________________

________________________________________

(3) 你所调查对象的年龄层次是什么？________________

调查表中的用语是否适用这个年龄层次？是否有不易理解的术语或生僻词？其中的书目或作者是否是调查对象所熟悉的？

________________________________________

________________________________________

(4) 从头到尾审视一遍你所设计的问题，这些问题之间是否存在交叉？如何修改比较好？

________________________________________

________________________________________

(5) 从头到尾审视一遍你所设计的问题，问题的表达是否清晰，是否有暗示性的语句？你提出的问题会不会产生歧义？

________________________________________

________________________________________

(6) 是否有导言，以便调查对象清楚地了解你的调查目的？是否向调查对象表达了感谢之情？

______________________________________________

______________________________________________

(7) 为了让调查对象花费尽量少时间，你是否为一些问题预设了一些选项？这些问题的选项是否界限分明？

______________________________________________

______________________________________________

你预设的这些问题是否能够覆盖所有的回答？是否要为调查对象留有类似“其他”之类的开放式填写空间？

______________________________________________

______________________________________________

(8) 你是怎样安排整个问卷调查表中各个问题的顺序的，为什么要这么安排？

______________________________________________

______________________________________________

(9) 你都做了哪些努力，使此调查表的调查结果便于统计？

______________________________________________

______________________________________________

(10) 预想一下，在调查中你的调查对象是否能愉快地参与你的调查，如果不能，你认为可能的问题是什么？

______________________________________________

______________________________________________

是否有补救或改进的方法？______________________

______________________________________________

______________________________________________

## 思考练习

➢ 请你尝试利用问卷星，设计一份针对本校教师信息技术应用情况的调查问卷。这份问卷应该有助于你了解学校信息化发展中的问题及原因。

## 活动3　理解农村学校信息化建设的策略[①]

**说明：**与发达地区的信息化建设相比，农村学校的信息化建设有其特有的困难，也因此有相适应的策略。在这一活动中，我们将分析农村学校信息化建设的困难并提出相应的解决策略。

信息化的推进是一项资金和智力密集型工作，在资金、资源、人力都比较匮乏的农村贫困地区推进教育信息化难度大、任务重。目前，农村贫困地区的教育信息化推进的阶段性特征包括以下几点：

第一，农村贫困地区教育信息化基础设施建设水平有了极大的提高。根据教育部的统一部署，2016 年全国中小学互联网接入率要达到 96%，其中 10M 以上的宽带接入比例要达到 60%以上；学校普通教室全部配备多媒体教学设计的城镇和农村中小学比例分别要达到 80%和 50%，基本实现全国中小学都拥有多媒体教学条件。总的来讲，基础设施、硬件设备已不是制约农村贫困地区教育信息化发展的核心问题。

第二，缺系统、少应用、少资源是当前农村贫困地区教育信息化发展进程中的普遍现象。“重建轻用”一直是我国各地教育信息化推进发展过程中的共同问题，这一问题在农村贫困地区存在尤甚。

第三，人员、资金、资源的匮乏仍然是今后一段时间农村贫困地区教育发展、教育信息化推进的掣肘。

面对这样的特征，发达地区推进教育信息化的模式无法照搬到农村贫困地区。那么，农村贫困地区的教育信息化发展策略是什么呢？在贫困地区挂职两年的教育信息化专家任友群教授提出如下建议：

第一，成本投入方面，要坚持低成本、高性价比原则。在软硬件方面，需要尽可能选择对网络带宽要求低、对信息化终端设备配置要求低、后期养护成本低的技术方案；在实施和运维方面，需要尽可能选择人力成本低、时间成本低、运维成本低的建设路径。

第二，操作终端方面，以移动端为主，PC 端为辅。主要是因为在农村地区，

---

① 此活动中的文字内容根据任友群、吴旻瑜于 2017 年 1 月发表在《中国电化教育》上的文章《“十三五”贫困县域教育信息化推进模式研究》重新加工、整理。

智能手机的覆盖率远远高于家用电脑的覆盖率；二是从家校互动的角度出发，手机有利于第一时间将信息送达家长，实现家校即时沟通和交互；三是移动互联网时代培养了使用者新的使用习惯，手机会让用户有更好的接受度。

第三，推进策略方面，区域多维度统筹推进。做好城镇和农村学校各自的近、中、远期建设规划，使区域内的教育信息化应用有序推进，逐步完善和丰富，避免出现单独建设、重复建设、盲目建设等问题和弊端。

第四，建设内容方面，提供基础功能保障。与发达地区的不断深入探索不同，农村贫困地区教育信息化的建设内容应更侧重于基础功能的保障，满足教师、学生、家长、管理者最单一的信息化诉求。

第五，用户体验方面，功能易用、操作简便。家长和教师是农村教育信息化服务的主要使用群体。要使这部分人群乐于尝试和应用教育信息化，信息化产品必须是学习成本较低且操作简便的。

第六，网络安全方面，注重安全防护、完善安全机制。在选择教育信息化产品或选择供应商时，要着重对数据存储、通信传输、前后端应用等方面的安全因素进行考量，选择其中具有良好安全保障的体系，通过标准安全认证的产品。

第七，发展规划方面，着眼长眼，可持续发展。为此，应该选择具有良好的普适性和可延展性的平台，或是应该选择实力较为雄厚，在核心技术方面拥有较强“护城河”的厂商作为合作伙伴。

综上所述，借助成熟平台是农村贫困地区推进教育信息化的必然选择。任教授为贫困县城的教育信息化设计了如图 2-11 所示的解决方案。

在图 2-11 中有三个重点：一是解决最基本的“通”的问题，就是要将人与人联通起来，将学生、家长、教师、学校管理者和教育行政部门等在内的教育领域利益相关者集中在一起，实现人的汇聚，这可以建设基于移动社交平台的管理和服务应用来实现；二是要解决“学”的问题，可以通过建设教学平台，集成学生作业辅导、课前导学、课堂教学等功能，实现信息化对学生的学习支持；三是要解决“教”的问题，可以通过建设教研平台，集成教学评价、教师培训、教研资源共享等功能，实现信息化对教师的教学支撑。作为三个平台的底层数据来源，农村贫困地区的“教育数据中心”可以以混合云的方式进行部署，平台以 PC 端和移动端两种形式为用户提供统一身份证明和统一门户。

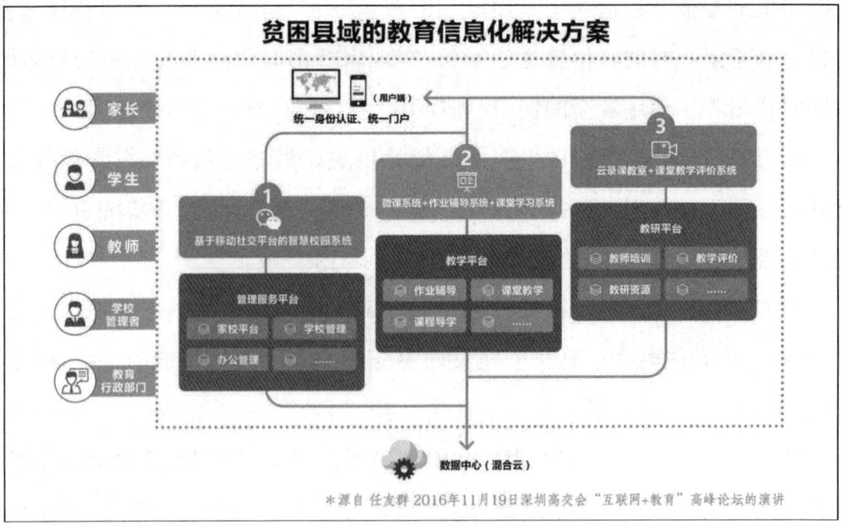


图 2-11　贫困县域的教育信息化解决方案

## 思考练习

➢ 你所在区域的信息化教育规划情况如何？在阅读了上文之后，你对本校的信息化发展规划有了哪些新的想法？

__________________________________________

__________________________________________

## 活动 4　启动学校信息化发展规划

**说明：**通过前面两个活动的学习，我们了解到校长在学校信息化建设进程中的重要性，也对学校信息化建设现状、问题、优势及劣势等进行了分析。接下来，我们将从愿景、目标、团队组成开始来规划学校的信息化建设项目。

**第一步：构想本校信息化发展的愿景及目标**

1. 构想学校信息化的发展愿景

> “请你告诉我，我该走哪条路？”爱丽丝问。
>
> “那要看你想去哪里。”猫说。
>
> “去哪儿无所谓。”爱丽丝说。

"那么走哪条路也就无所谓了。"猫说。

——摘自刘易斯·卡罗尔的《爱丽丝漫游奇境记》

这个故事告诉我们，人要有明确清晰的方向，具体的路径才会清晰。同理，一个组织也要有明确清晰的努力方向，组织内成员才有可能形成合力。在做学校信息化发展规划时，学校的主要领导、核心骨干形成发展共识是非常重要的。我们也将这个共识称为"愿景"，它主要起到以下几方面的作用：

- 引导着学校信息化建设的整体努力方向；
- 是解决冲突和明确目标的关键参考；
- 是寻找和确定资源的标准。

愿景的陈述应该是简短的、直白的，并尽可能是易于理解的。比如说：

- 突破数字鸿沟，让每个孩子都平等接触技术资源；
- 为每个孩子打造适合自己的教育；
- 让每个学生都享受到区域优质资源；
- 让学生成为信息社会的合格公民；
- 充分利用信息技术，促进教学质量全面提升；
- 利用信息技术提升课堂教学效果。

这些愿景体现了不同学校的追求，它应该与学校的当前情况、整体价值取向或努力方向相一致。确定"愿景"的重点不是文字功夫，而是学校的领导要与核心团队成员，以及项目的利益相关人，包括中层、教师、家长、资源提供方等反复商讨，挖掘出人们对于学校信息化建设的不同期待，最终形成大家认可的、能够达到的愿景陈述。有了这个过程做基础，学校中的关键角色对于信息化建设的期待与理解、对其外延与内涵的认识才可能趋同，避免因文字表述不当而产生歧义。

2. 利用 SMART 法确定信息化发展的目标

"愿景"要通过一系列"目标"的达成而达到。与"愿景"不同的是，"目标"是面向结果的、具体的、务实的。"目标"相当于粗略的项目地图，要与"愿景"相呼应，是"愿景"实现的具体表现形式。"目标"帮助决策者与其他管理者明确项目的范围。SMART 目标管理法是撰写目标的有效方法。

SMART 目标管理法①最早是由乔治·多兰于 1981 年提出，乔治·多兰阐述了目标管理的重要性以及制定目标应满足的五个条件：

- 具体(Specific)：描述目标时要具体、清晰、简洁。
- 可测量(Measurable)：要为进展情况确定一个可测量的指标。
- 可达到(Achievable)：能够在预计的时间内及利用可利用的资源完成。
- 面向结果的(Results-oriented)：是针对项目达成结果的。
- 时间相关(Time-related)：要说明何时可以达到该目标。

下面我们来看一个关于目标管理的案例：

**案 例**

来自某县的若干名校长参加了信息化领导力的培训后，受到很大冲击和启发，决定回学校后，要在学校开展校本研修，以提升教师的信息技术应用能力，进而提升教学效率和效果。

其中有几所学校的信息化建设情况比较相似，学校具备基础的硬件环境，但老师们的信息技术应用水平一般。大多数教师只掌握了简单的 PPT、Word 编辑操作，小部分年轻教师的信息技术水平还可以。教师们信息技术应用的意识普遍较低，整体使用率不高。多数教师仍习惯以粉笔+黑板的方式(或简单使用投影)开展教学。

考虑到学校目前信息技术应用的情况，几位校长纷纷制定了本次校本研修的目标。

王校长的目标：通过此次培训，转变老师们对信息技术应用的消极观念，帮助老师们加强技术优化教学的意识和能力。

刘校长的目标：①通过培训，教师信息化教学能力得到提升(演示文稿设计与制作水平得到提升；各学科老师都能掌握若干种与本学科相关的教学软件的操作和应用)；②通过三轮培训，覆盖全校所有老师，每位老师培训学时达到 15 小时以上，培训满意度达到 80%以上。

① G. T. Doran. There's a S. M. A. R. T. way to write management's goals and objectives [J]. Management Review. AMA FORUM. 70(11)：35－36.

## 思考练习

➢ 你比较认同哪位校长制定的目标？请你从 SMART 目标管理法的角度来评析上述两位校长制定的目标。你认为可以如何改进，请你与学友讨论并试着改一改吧！

________________________________________

________________________________________

➢ 接下来，请你在思考学校目前现状的基础上，思考并写下学校未来三年的信息化发展愿景与具体目标。建议你可以与学友相互讨论，评价分享，并提出修改建议。

愿景：

________________________________________

目标：

________________________________________

________________________________________

________________________________________

**第二步：组建项目团队**

1. 组建核心团队

学校信息化工作的推进需要核心团队的协作，此时团队的集体智慧显得格外重要。从职务的角度来讲，学校的核心团队一般应该包括校长、主管副校长、技术负责人、教学负责人；从参与者的能力特性来讲，还要注意团队组合的多元化。

梅瑞狄斯·贝尔宾(R. Meredith Belbin)是研究团队建设的权威，他介绍了自己进行了九年的重要研究实验。实验结果显示，每个期望成功的团队都必须拥有九种角色。这九种角色分属于三种类别。

第一种：和“事”打交道的，包括塑造者、执行者和完成者；

第二种：和“人”打交道的，包括协调者、协作者和资源调查者；

第三种：和“脑力”打交道的，包括创新者、监控评估者和专家。

这九种角色与团队规模无关。在很多情况下一个团队成员要承担多种角色。表2-3列出了这九种角色与他们可能的缺陷。

表2-3 梅瑞狄斯·贝尔宾的九种团队角色及其描述

| 团队角色 | 特征描述 | 可能缺陷 |
|---|---|---|
| 创新者 | 创新者拥有高度的创造力，思路开阔，观念新潮，富有想象力，是“点子型的人才”。在遇到困难时，能为团队带来突破性的思想和见解 | 好高骛远，不太关注工作细节和计划，喜欢过分强调自己的观点 |
| 协调者 | 能够引导一群不同技能和个性的人向着共同的目标努力。他们代表成熟、自信和信任，办事客观，不带个人偏见；除权威之外，更有一种个性的感召力。在团队中能很快发现各成员的优势，并在实现目标的过程中能妥善运用 | 可能会被视为操纵者，个人业务能力可能不强 |
| 监控评估者 | 严肃、谨慎、理智、不易情绪化。具有很强的分析问题和评估方案的能力，保证决策正确 | 缺乏激励他人的能力 |
| 执行者 | 崇尚努力，计划性强，喜欢用系统的方法解决问题，擅于将想法转化为实际行动。由于其可靠、高效率及处理具体工作的能力强，因此在团队中作用很大 | 缺乏灵活性、可能会阻碍变革 |
| 完成者 | 埋头苦干，守秩序，尽职尽责，易焦虑。对于那些重要且要求高度准确性的任务，完美者起着不可估量的作用；在管理方面崇尚高标准严要求，注意准确性，关注细节，坚持不懈 | 容易因小事而焦虑，不愿放手，甚至吹毛求疵 |
| 资源调查者 | 经常表现出高度热情，是一个反应敏捷、性格外向的人。他们的强项是与人交往，在交往的过程中获取资源 | 当兴奋感消逝后，容易对工作失去兴趣 |
| 塑造者 | 是行动的发起者，敢于面对困难，并义无反顾地加速前进；敢于独自做决定而不介意别人的反对。塑造者是确保团队快速行动的最有效成员 | 有挑衅嫌疑，忽略他人的感受 |
| 协作者 | 善于调和各种人际关系，在冲突环境中其社交和理解能力会成为资本。协作者促使团队以和谐的方式运作，给有缺点的团队成员以支持，同时培养团队的士气和精神 | 在危机时刻可能优柔寡断，不太愿意承担压力 |
| 专家 | 团队需要某些方面的专家，这种角色的人会给团队带来特殊的宝贵技能，他们所有的目的就是把他们的专业知识贡献出来。一般来说，这些人不会担任团队的其他角色 | 只在较窄的范围内有贡献，在专业问题上过于沉迷 |

以上各种角色在团队中都是需要的，没有完美的个人，但有完美的团队。然而，在实际工作中，管理者在组建核心团队时往往并没有太多选择。有些人

在项目启动阶段就频繁参加会议，因而顺理成章地成为团队成员；还有一些人因其就职部门的推荐而成为团队成员；还有可能一些学校的人力资源本身就很匮乏……即便如此，如果学校管理者理解什么样的团队才是一个理想的团队，继而有意识地配置自己的团队构成，或通过活动弥补现有团队的不足，将对后续的团队建设十分有力。

2. *考虑利益相关人的参与*

对任何一个项目来说，利益相关者的管理对项目的成败都非常关键。将适合的人吸纳进团队，并让其承担适合的角色——这将对项目成功发挥巨大的作用。

利益相关者分析是利益相关者管理中关键的一环，主要是分析哪些个人或机构可能会对项目进展产生影响(称之为权力)或者受到项目进展的影响(称之为利益)。根据权力及利益的大小将他们放在项目团队中合适的位置。

利益相关者分析步骤[①]：

**第 1 步：**通过头脑风暴的方式，找出利益相关者。分析他们的权力及利益的大小，并分析他们对项目可能会产生的积极还是消极影响。

**第 2 步：**根据利益相关者的权力及利益大小将其进行排序。

● 高权力、高利益者：这些人对项目起着非常关键的作用，项目成败与否与他们的利益息息相关，他们对项目的推动也产生直接重大影响，是项目的推动者和操盘者。在一个项目中，核心团队的成员都是高权力、高利益者。如果有其他人员也属于这个范畴，应考虑将他们吸纳进核心团队。

● 高权力、低利益者：项目成败与否对他们的影响并不突出，但他们会对项目产生重大影响，往往是领导者及氛围营造者。应提高他们的参与度，但不宜过多。比如说，一些主管信息化建设工程的区域领导等往往属于这个范畴。

● 低权力、高利益者：这些人虽然不会对项目产生直接重大影响，但项目成败与他们的利益息息相关。他们对项目细节把握很有帮助，应保证这些人对项目进展充分知情，以确保不出现重大问题。可以说，他们在一定程度上是项目的护航者。比如说，学校里的老师、家长、学生等往往属于这个范畴。

---

① Rachel Thompson, Stakeholder Analysis [EB/OL]. 2016-09-25.

● 低权力、低利益者：这些人对项目不会产生直接重大作用，项目成败与否对他们的利益有一定影响，但影响并不很大或不太明显。相对其他三类人群，这些人可以不用与之频繁互动，但仍需保持关注。比如说，社会人士往往属于这个范畴。

你可以借助下面的利益相关矩阵对利益相关者进行排序分类。（注：利益相关者的角色并非固定不变，可以根据项目需要进行转化）

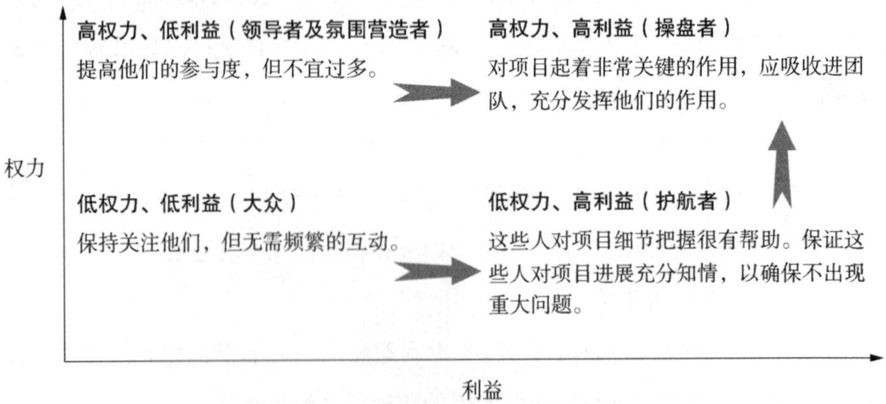


**图 2-12 利益相关矩阵及其转换方向②**

第 3 步：理解关键利益者。对于利益相关者中的关键人物或机构，你需要去了解他们对项目的看法和反应，如何与他们沟通，如何最大限度地发挥他们在项目中的作用。

下面这些问题将对你理解关键利益者有一定启发：

● 项目结果对他们有哪些影响？是物质层面还是精神层面的影响，是积极影响还是消极影响？如果让他们参与项目，他们最大的动力会是什么？

● 他们期望从项目中获得什么？他们倾向的互动方式是什么？

● 他们对项目的目前看法如何？谁会影响他们的观念和看法？对于那些可能会影响关键利益者观念的人，你会如何应对？

● 如果他们表现得不积极，你将如何让他们变得积极，并支持项目的开展？

---

① Stakeholdermap. Stakeholder Analysis, Project Management, templates and advice [EB/OL]. http://www.stakeholdermap.com/stakeholder-analysis.html(2016-09-26)

## 思考练习

➢ 假如你要在学校里开展信息化建设项目，试分析此项目实施中的利益相关方。

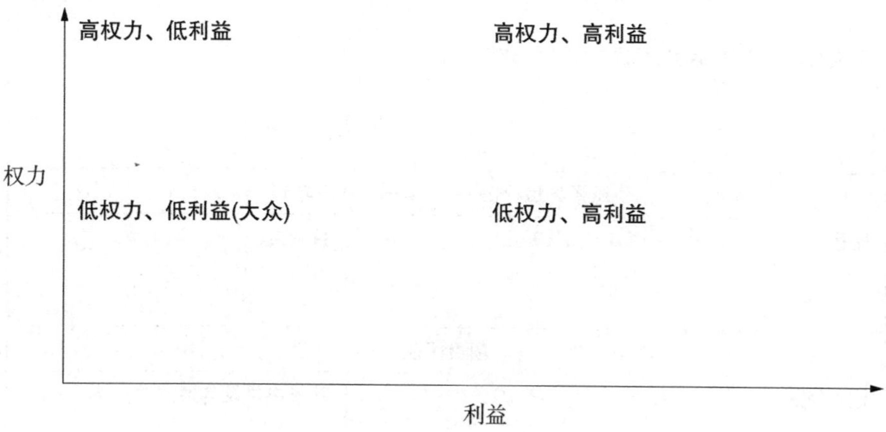


图 2-13　利益相关矩阵

➢ 请尝试着为你们学校信息化发展规划项目组建团队，既要考虑核心团队的成员，也要考虑如何发挥利益相关者的作用。

## 作业

请结合所学知识和工具，利用表 2-4 所示的模板初步制定学校的信息化发展规划。

表 2－4　学校信息化发展规划模板

<table>
<tr><th colspan="2">基本信息</th></tr>
<tr><td colspan="2">学校名称：<br>当前的信息化建设情况（请就教育教学、软硬件设备、管理机制、教师能力、家校沟通等情况进行综述）：<br><br>学校发展的优势、劣势、机遇和挑战的分析：</td></tr>
<tr><th colspan="2">愿景与目标（＊＊＊年—＊＊＊年）</th></tr>
<tr><td>愿景：</td><td>目标：</td></tr>
<tr><th colspan="2">项目团队</th></tr>
<tr><td>核心团队：</td><td>其他成员及沟通方式：</td></tr>
<tr><th colspan="2">关键举措及预期成果</th></tr>
<tr><td>信息化教学：<br>启动时间：<br>举措：<br>● 选用平台：<br>● 教学标准：<br>● 推进机制：</td><td>预期成果：</td></tr>
<tr><td>信息化管理：<br>启动时间：<br>举措：<br>● 选用平台：<br>● 推进机制：</td><td>预期成果：</td></tr>
<tr><td>教师能力发展：<br>启动时间：<br>举措：<br>● 选用平台：<br>● 选用资源：<br>● 推动机制：</td><td>预期成果：</td></tr>
</table>

注：在这一专题中，你只需完成基本信息、愿景与目标、项目团队部分。规划方案是贯穿整个培训的作业，随着后续学习的推进，我们会深入探索信息技术支持的教学、教师专业发展和学校管理。每一专题学习结束时，你都有机会补充完成这一规划方案。

## 李校长的反思

这个专题的学习实在是收获太大了。和校长需要具备的信息化领导力相比，我在规划设计、组织实施和评价推动等方面的得分都不是很高，但由于本人在非信息化领域的领导能力还是得到很多认可的，还是有信心补上这一课。在专题的学习中，我印象最深的几项收获包括：

第一，SWOT分析让我将调研的视野放得更宽了。根据专题中示例的提示，我此次特别调研了相应的平台提供方、优秀的同行以及教育局的支持政策等，由于时间比较紧，一些调研工作还没有完成，但也给我提供了非常有价值的信息。比如说，信息化教学平台A1、A2、A3，能够全面提供“翻转课堂”的技术支撑与配置；出版社B1、B2、B3，能够提供适合我省教材的全套初、高中的微课程，覆盖了所有知识点；教育局的支持政策中，发展学校每年投入20万元，并可以安排信息化专家进行指导……这些调研信息不断冲击着我的头脑，信息化发展规划的轮廓也逐渐清晰。此外，“贫困县域的信息化解决方案”也深得我心，在我们这样的地区，也有“后发优势”，可以选择已经成熟的服务体系，而不是自身完成研发过程——这和我校的能力与储备是相符的。

第二，愿景与目标的设定让我理解了如何将“规划”落地。我甚至采用这种方法重新反思了我校的愿景“智慧一中、文化一中、快乐一中”，我发现虽然有一个很美好的愿景，但我们并没有很好地思考过用什么样的“目标”去“接”住这样的愿景。此次信息化发展规划，我将愿景设定为“让孩子们平等地享受优质教育资源”（将它作为“智慧一中”和“快乐一中”的承载之一），是因为相当一部分教师授课水平有问题，他们班上的学生与优秀教师执教的学生相比，就欠缺一些公平，很多学生不能保障“第一次就学对”，而要靠后期大量的练习来修补没有学明白的知识。在了解到有出版社能够提供覆盖全套知识点的微课程后，我意识到提高学习公平性的机会来了。如果出版社的这些微课程（据说是各个学科的特级教师指导编写和录制的）确实优秀,我们让每个学生都先学习这些内容,然后课上再开展练习、复习和巩固,这样学生"第一次就学到"的概率就可以提高很多。

第三,项目团队的建设,也是我收获非常大的一个部分。我本人还是一个非常能够听进去老师们意见的人,但在建设团队时,从来没有想过如何将外围的力量加入进来。细想下来,外围人员中,既有教育局的领导、平台公司的负责人、信息化建设专家,也有家长和学生,如果不考虑这些人员的参与和指导,信息化建设的工作在思考方面可能会有很多欠缺,并且很有可能在关键时刻得不到理解与支持。

有了以上的思考,在"学校信息化发展规划模板"制定的时候,我就成立了"核心团队",也布置了外围团队的沟通方式,大家分头去完成相应的沟通工作,使团队快速地建立起来。下面的发展规划就是我们"核心团队"共同研制的。同时,我们也布置各学科组的教研组长对于3个出版社所提供的微课程进行了评价,判断它们的质量,也安排学生助理参与了试学习和评价。

在设定三年内信息化规划可能发生作用的学段时,我们仔细考虑了可行性,决定从初一和高一做起,而不是从某个年级的试点班开始,试点班的工作往往只是压在个别教师身上,不利于项目开展过程中重要举措的推进。

**表2-5 柯县一中的学校信息化发展规划-部分(专题2学习后)**

| 基本信息 |
| --- |
| 学校名称:柯县一中<br>当前的信息化建设情况(就教育教学、软硬件设备、管理机制、教师能力、家校沟通等情况进行综述):<br>目前,学校的软硬件设备配置基本到位,部分教师可以使用信息技术支持备课与授课,在家校沟通等方面也采用微信等手段。但总的来讲,教师应用信息技术的成效不明显,技术上也只停留在PPT的使用上。学校没有专门的机制来支持教师充分使用信息技术 |
| 学校发展的优势、劣势、机遇和挑战的分析: |

续　表

<table>
<tr><td>S<br>学校教师年轻、有活力；软硬件设备、特别是网络有基本的保障；教师和家长基本上都有智能手机</td><td>W<br>很多教师（包括年轻的和年长的）的教学水平有待提高，一些知识性内容的讲解都需要提高精准程度；教师们对信息技术是否能够提高教学效果有困惑；教师当前的信息技术应用能力不足以促进变革；没有管理机制支持教师的学习和应用信息技术；领导班子对信息化变革没有信心</td></tr>
<tr><td>O<br>市政府正在开展市级的信息化实验校和发展校建设，而我校已入选发展校，每年会有20万元的经费投入；全国的“信息技术应用能力提升工程”培训正在开展，有些培训机构愿意为学校量身定制校本培训方案</td><td>T<br>家长和学生对于升学率都非常关注，如果变革影响升学率将不被理解，也无法开展下去；市政府建设时还是会倾向于信息化实验校</td></tr>
<tr><td colspan="2">愿景与目标（2017年—2020年）</td></tr>
<tr><td>愿景：<br>让孩子们平等地享受优质教育资源</td><td>目标：<br>（1）部署并使用可以支持“先学后教”的全套信息化平台（至少包括知识预学习、试题网上测评、学习结果分析等功能）。<br>（2）平台上部署一套完整的、覆盖各个知识点的初、高中微课程学习资源。<br>（3）初中一年级和高中一年级全面采用“先学后教”模式。<br>（4）学校升学率在三年后提高10个百分点</td></tr>
<tr><td colspan="2">项目团队</td></tr>
<tr><td>核心团队：<br>校长，主管教学副校长，信息技术学科的教学骨干1名，学科教研骨干2名，信息化教育专家1名<br>项目秘书：办公室主任</td><td>其他成员及沟通方式：<br>● 县教育局主管信息化发展校建设的副局长：专家组成员，定期汇报并征询意见。<br>● 学校各学科组组长：工作团队成员，关键举措出台前参与共同研讨。<br>● 家委会：由初一及高一各个班级推荐一人组成，对学校重要举措进行意见咨询，并在关键举措出台前进行告知与解释。<br>● 信息化平台提供方：先是多方了解，然后逐渐确定适用的信息化平台。确定后的信息化平台提供方需参与核心团队的部分研讨，并提供在其他学校的解决建议。<br>● 学生助理：初一及高一各班推荐一名信息技术方面有特长的学生（但不是学习好的）参加，可以试用购买的学习资源，试评教师制作的微课程，辅导本班同学使用信息化平台，反馈班级应用新模式后的情况等</td></tr>
</table>

专题三

# 理解信息技术支持的教学应用

## 概述

在本专题的学习中，你将通过丰富的案例展示、与学友的深度交流，感受信息时代背景下的新课堂面貌，理解信息技术在优化课堂教学、促进学校教育变革方面的作用。通过对信息技术应用过程中的常见问题剖析，进一步了解信息技术的应用原则。最后一个活动，我们将一起来分享、探讨课堂评价的标准、方式及工具等。本专题学习结束后，建议你深入分析本校在教学层面存在的问题，思考应对措施，进一步修改完善你的学校信息化发展规划。

## 专题问题

1. 信息技术在促进课堂变革方面有什么作用？

2. 教师们在信息技术优化教学的实践中，容易出现什么问题？

3. 信息技术优化教学的过程中，需要注意什么？有哪些应用原则？

4. 信息技术如何促进学校教育变革？你将采取哪些措施来促进本校教育变革？

5. 信息技术在优化教学方面有哪些作用？

6. 一堂优秀的课应该符合什么要求？

## 专题任务

◇ 感受信息技术在促进课堂变革方面的作用。

◇ 反思信息技术应用于教学的常见问题。

◇ 了解信息技术在教学中的应用原则。

◇ 掌握信息技术在促进教育变革及优化教学方面的作用。

◇ 了解优质课堂评价的特色指标，并掌握课堂评价的方法和工具。

### 活动 1　了解新时代下的新课堂

**说明：** 进入 21 世纪以来，以计算机和网络为主的信息技术得到广泛应用，也掀起了课程改革的新浪潮。在活动 1 里，我们将共同分享信息技术改革课堂教学的实践经验，一起走进信息技术支持下的新课堂，感受新的教育观念和管理观念。

**第一步：热身讨论**

请结合实际情况，从环境、资源、教师的授课方式、学生的学习方式、师生互动情况、课堂评价等角度分享本校利用信息技术开展课堂教学实践的具体案例及经验，并认真聆听其他学校的课堂信息化实践。

表 3-1　课堂信息化改革思考

| 关注点 | 本校实践情况 | 他校可借鉴之处 |
|---|---|---|
| 课堂环境 | | |
| 教学资源 | | |
| 教师授课方式 | | |
| 学生学习方式 | | |
| 师生互动情况 | | |
| 课堂评价情况 | | |
| 其他 | | |

**第二步：案例阅读**

请你认真阅读以下案例，并思考技术在其中所起的作用。

案例精读

**从四则电子书包应用案例看课堂教学变革(节选)**[①]

长沙市雨花区井圭路小学于2012年尝试电子书包云课堂建设，探索“基于电子书包的个性化学习”。经过大胆实践与不断总结，形成了优秀的

① 肖陈慧. 从四则电子书包应用案例看课堂教学变革[J]. 发明与创新(教育信息化)，2014：40—41.

实践经验，在全省乃至全国起到了一定的示范辐射作用。2013 年 4 月，央视《焦点访谈》栏目专题报道了井圭路小学电子书包“云课堂”。

梁琛执教环保校本课程“保护生命之水”，老师提前要求学生利用清明节跟父母回乡祭扫的时机，与父母一起采集家乡水样，并把采集的过程记录下来。等到上课时，首先让孩子们通过电子书包的“云课堂”教学平台空间展示采集家乡水样过程的照片或微视频，同时讲述各自取水途中的故事和感受，这些水样有的清澈、有的浑浊、有的恶臭……接下来老师提问：生命之水本是清澈的、纯净的，为什么会变得浑浊不清、恶臭难闻呢？让学生用电子书包上网搜索寻找答案。学生通过快速浏览网页搜集、筛选到有用的信息，分析了造成水污染的种种原因。部分学生还列举水污染重大事件、保护水资源感人故事等，夹叙夹议，图文并茂，课堂充满着勃勃生机。接下来，老师出示一瓶取自学校附近圭塘河被污染的水样。散发着恶臭的水样引发学生强烈的感受，自发要求寻找水资源保护和治理的方法，于是教师顺理成章地让学生分组商讨制订“治理圭塘河的方案”，并将其上传到班级空间共享。学生思维活跃、各抒己见、各献良策，尽管有些想法很稚嫩但也有一定的参考价值。最后，伴随着优美的音乐让孩子把从三湘四水取来的水汇集在一个大鱼缸里，课后老师与学生代表一同把鱼儿与学生采集的水样融入湖南母亲河湘江，流向中国母亲河长江，寓意世世代代奔流不息的精神，传递“保护生命之水、恩泽子孙万代”的环保理念。

当下课堂教学改革要求把课堂还给学生。要让学生参与课堂，教师就要从原来的讲授者，转变角色成为组织者、引导者与助学者。所以，让学生参与课堂最大的阻力，并不在于学生是否愿意参与，而是教师如何成功地转变角色。在这节校本活动课中，借助电子书包学习终端和云课堂网络平台，从课前到课后始终以学生为主体，让学生搜集家乡水样、分享各自采集水样的故事、通过网络了解水资源的现状以及制定保护水资源的方案、传递保护生命之水的理念等环节，学生充分参与其中，学生乐在其中、悟在其中，让课堂焕发生命活力。

随着以智能手机、平板电脑为代表的移动智能终端技术的快速发展，给教育教学方式带来了一场变革。电子书包云课堂以平板电脑取代传统课本，虽然仍有一段较长的路要走，但不可否认它带给人们思想观念上的冲击是巨大的，让人们对未来的教育充满了各种想象，也给我们当前的教育教学实践带来诸多的启发与思考。

**【案例选读】**请观看以下案例：（视频均来源于优酷网）

(1) 蔷薇小学"一堂开心的音乐课"。

(2) 未来教室——英特尔的宏伟蓝图。

(3)"由玻璃构成的一天"。

(4)"微软 2019 愿景"。

**思考练习**

➢ 通过上述视频案例的学习，相信你对信息技术支持下的新课堂有了更为深刻的认识和理解。请你谈谈信息技术在学校变革中能起到怎样的作用。

________________________________________

________________________________________

### 活动 2　了解信息技术的常见问题与应用原则

**说明：**根据 2015 年教育部颁布的《中小学教师信息技术应用能力标准（试行）》，在"简易多媒体"和"交互多媒体"两种教学环境中，教师应用信息技术的主要目的就是"优化课堂教学"。只有理解信息技术在教学中的应用原则，才能避免应用误区，达到应用目的。

**第一步：热身讨论**

现象 1：有些教师在制作课件，特别是涉及课件评比时，一味追求技术与视觉效果的酷炫，将教学课件搞成信息技术成果展览。

现象 2：教师应用信息技术时，教师板书逐渐被计算机投影代替，由于"来不及"，很多学生不记笔记，因为信息的转化非常快，不少学生记了笔记就耽误了听课。诸如化学方程式、物理性质、化学性质、重要的结论、方法等内容，直接投影显示，看似节省了时间，却没有给学生提供接受和记录新知识的时间，学习效果反而大打折扣。

现象3：上课教师直接运用信息技术演示实验现象、模拟实验发生过程，讲解力求仔细具体，看似效果不错，实际上限制了学生的动脑思考。

## 思考练习

➢ 试根据上述现象及自己的了解，谈谈应用信息技术优化教学过程还可能出现什么问题，造成这些问题的原因是什么。

________________________________________________

________________________________________________

### 第二步：信息技术的应用原则①

虽然信息技术的运用为教学注入了活力，使长期困扰教师的某些问题迎刃而解，但在应用信息技术进行教学时也存在多种误区。这并不是偶然的，也不是只发生在个别教师身上，实际上这是由于信息技术应用新手在无法全面调控、自如应用信息技术为自己服务时必然会出现的问题。如何在教学实践中达到技术支持教学的目的，首先需要我们理解并遵守一些基本原则，主要有以下几个方面：

第一，实效的原则——以教学目标的达成为首要

教学目标的达成是信息技术应用永远不变的原则。善用信息技术，在知识技能、过程方法、情感态度价值观等不同维度都可以促成教学目标的达成。教师首先要有明确的教学目标，同时又要理解不同的技术手段在哪些方面可以支持目标达成，才能在使用技术时达到“优化”效果。有些教师先是设定了教学目标，在发现了新技术后，为了突出新技术的表现，又反过去改变目标或增删目标，这是不合适的。虽然在教学设计过程中，教学目标、教学内容、教学活动、教学评价、教学工具等多个要素存在着反复修订、循环往复的过程，但以“教学工具”为依据去定位“教学目标”无疑是舍本求末之举。

第二，适宜的原则——找准解决问题的切入点

技术的应用怎样才是适宜的？用《中小学教师信息技术应用能力标准（试行）》中的一句话来讲，“要找准技术解决问题的契合点”，也就是说，只有当技术

① 祝智庭，闫寒冰．技术改变教学[M]．陕西师范大学出版社，2015.4.

的应用有助于解决教学问题时，它的应用才是有必要的、才是适宜的。在“简易多媒体”和“交互多媒体”的教学环境中，技术可以用来做什么呢？它可以帮助教师满足不同认知风格学习者的需要、能够强化情绪表达、能够增强真实感、能够呈现系统逻辑、能够增强体验和互动、能够形成集体记忆……当教师们利用技术来支持技术本身擅长的事情时，当教师们利用技术来解决教学问题时，那就是适宜的，意味着找到了“优化课堂教学”的切入点。

第三，最小代价的原则——成本与效益

最小代价原则是应用信息技术的普遍原则，在教学中应用信息技术，不是最先进的才是最好的，要充分考虑成本和效益的关系，通常教学效果更好、成本更低、获取更为便捷的技术应用才是最终的选择。

第四，辅助性原则——教师和学生始终是主体

无论技术如何先进，如何便捷，课堂中的教师和学生才是教学的核心，技术不可能完全代替教师，也不可能自动地帮助学生完成学习任务，课堂是教师和学生的知识建构，是师生共同成长的家园，技术为教学服务，处于辅助的位置。

第五，适度的原则——生成与预设

教师在使用技术优化课堂教学时，不仅应该做好资源准备，更应该关注课堂现场中的师生互动生成。有的教师在制作微课程时，甚至将总结视频也都提前录好，在课堂上适时播放，这种做法没有发挥面对面教学的优势，忽视了师生的互动和交流，太多预设充斥课堂导致课堂缺乏生机。

第六，开放的原则——分享与积累

开放是一种信息化环境的重要品质，是分享交流的前提，对于信息化环境，无论从硬件、软件或管理机制等方面都应该支持资源的分享和积累；对于个体，无论从存储、整理等方面，都要养成良好的习惯。

**第三步：案例评析①**

为了进一步理解信息技术的应用原则与方法，请你仔细阅读以下两个案例，并完成思考题。

① 祝智庭，闫寒冰. 技术改变教学[M]. 陕西师范大学出版社，2015.4.

案例 1

## 《林黛玉进贾府》(高中语文)

案例来源:由山东威海市教育教学研究中心的位世英、乳山市教育教学研究中心的宋丽波提供。

### 本课的教学目标与教学内容

**教学目标:**能够围绕中心人物圈画精彩的描写语句,在批注中记录个性感悟和赏析,准确归纳出王熙凤的形象特点。

**教学内容:**《林黛玉进贾府》中"林黛玉见王熙凤"章节。

1. 技术支持的导入设计

| 导　入　语 | 时间 | 信息技术支持 |
|---|---|---|
| 上节课,我们初步了解了《红楼梦》前五回的内容,了解了《林黛玉进贾府》这一章节在整部著作中的重要作用。大家在自读文本中提出了很多疑问,有关于贾府的宏伟建筑的,有关于宝黛初会的,还有关于"凤辣子"王熙凤的。这节课我们将围绕大家提出的有关王熙凤的问题,通过深入品读相关章节,来进一步走近人物。<br>王熙凤到底是怎样一个人,我们不妨先借助《红楼梦》中太虚幻境的一支曲子来做一个整体了解 | 3 分钟 | 借助电视剧插曲《聪明累》导入,随着音乐和画面的播放,教师顺序介绍画面中涉及的《红楼梦》情节,便于学生初步了解体现王熙凤形象特点的几个重要事件,增强了形象化、直观化和可视化,同时强化了学生课前学习的情绪表达。这样既为学生深入研读本节课内容做了很好的铺垫,也为学生后期的拓展阅读创设了空间,激发了兴趣 |

2. 技术支持的讲授设计

| 教学活动简述 | 信息技术支持 |
|---|---|
| 1) 教师投放"批注式阅读"的 PPT,具体介绍批注方法:从"批注是什么"、"批注什么"、"在哪里批注"三个方面,结合文本中的例句进行实例示范,教给学生具体操作方法 | 将批注式阅读的具体方法制作成 PPT,形象、生动、直观地呈现知识系统的逻辑性,体现指导意义,便于学生高效学习 |

续 表

| 教学活动简述 | 信息技术支持 |
| --- | --- |
|  |  |
| 2) 学生学习批注方法对“林黛玉见王熙凤”章节进行自读、批注，同组交流、丰富后，教师将学生批注的课本进行实物投影，放大细节，展示学生自学的真实成果 | 将学生批注的课本进行实物投影展示，直观、高效地体现学生自学成果，让学生在现场比对中增强学习的积极性<br> |
| 3) 通过电子白板，在生生、师生的对话交流中，现场做批注指导，通过斟词酌句训练学生的情感感悟力和文字体验与表达能力 | 借助电子白板作现场互动批注，具有指导的直观性和亲切感，便于直接呈现将思维结果文字化的过程<br> |

**案例 2**

## 《大河之舞》(小学音乐)

案例来源：由山东省烟台市芝罘区工人子女小学的李昕蔚、济南市清河实验小学的亓建坤提供。

### 教学目标与教学内容

**教学目标：**

● 感受踢踏舞的热烈情绪，在欣赏旋律的同时体会节奏变化带来的快感。

● 能够积极主动地表现、创造音乐节奏。

**教学内容：**根据五年级学生的年龄特点和知识水平，本节课将踢踏舞的节奏作为主脉贯穿整个课堂。在教学中，我设计了“感受节奏——表现节奏——创造节奏——作品展示”的层层递进过程。通过本节课的学习，力求让学生能够真正地喜欢踢踏舞这一艺术形式，为课后进一步欣赏、探究这部大型的艺术盛宴作好一个入门的引子。

1. 技术支持的导入设计

| 导　入　语 | 时间 | 信息技术支持 |
| --- | --- | --- |
| 师：首先，请同学们聆听一段声音，猜一猜这是什么发出的声音？<br>(生答)<br>师：同学们的回答五花八门，到底是什么发出的声音呢？<br>(播放踢踏舞视频片段)<br>师：原来，发出这清脆悦耳声音的是一双底部镶有铁片的舞鞋，穿着这种鞋跳的舞蹈，名叫踢踏舞 | 2 分钟 | 在一个演示文稿界面，先播放踢踏舞的音频。在学生渴求知晓答案的时候，再播放视频。达到激发兴趣、引起关注的目的<br>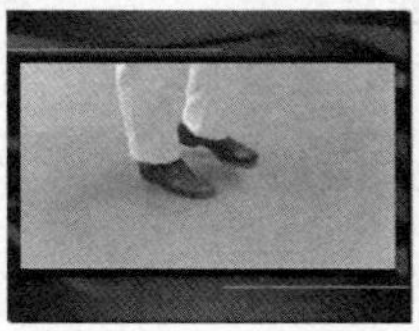 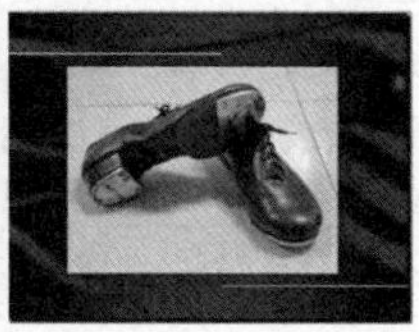 |

2. 技术支持的讲授设计

<table>
<tr><th>教学活动简述</th><th>信息技术支持</th></tr>
<tr><td>1) 欣赏踢踏舞视频，分析美式踢踏舞与爱尔兰踢踏舞的异同。<br>踢踏舞起源于 18 世纪，是美国黑人在闲暇时玩的一种脚下游戏。19 世纪，踢踏舞被正式搬上了舞台。（播放美式踢踏舞视频，学生谈感受，时长约 22 秒）<br>最为著名的是爱尔兰的《大河之舞》。观看《大河之舞》视频。（播放《大河之舞》经典片段，时长约 2 分 22 秒）<br>观看两种不同风格的踢踏舞，师生讨论、交流踢踏舞的异同，并应用电子白板的拖曳功能实现互动式课堂</td><td>通过观看美式踢踏舞和爱尔兰踢踏舞视频，让学生更为直观地观察到两种踢踏舞的异同。<br>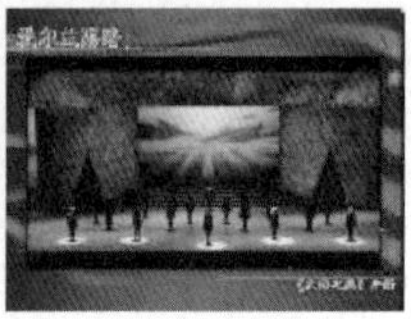<br>利用电子白板让学生分析两种踢踏舞在各方面的异同。从而更深入地了解不同踢踏舞带来的情绪变化。更好地体会踢踏舞所表达出的快乐情绪和多变节奏<br>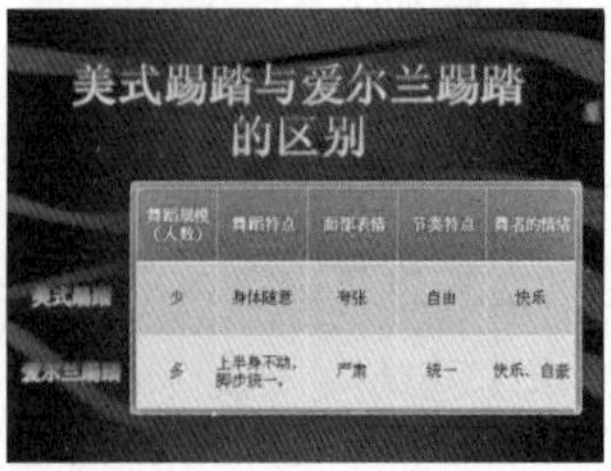<br></td></tr>
<tr><td>2) 表现踢踏舞的节奏。<br>旋律在不断地重复着，但每一次音乐的出现，舞蹈演员都采用了不同的步法，因此也让我们产生了不同的感受。听辨旋律出现的前四次，舞蹈演员分别踏出了哪些节奏。（依次播放四个主旋律出现的音频）</td><td>此环节播放音频，是让学生将注意力从形象思维转变成抽象的、具体的思维模式，把重心放在聆听节奏变化上。在逐个播放音频时，老师随节拍数拍子，让学生更明确节奏的变化，再与 PPT 中的四段踢踏节奏相对比，从而让学生一目了然，并肯定自己的判断。树立学生听辨节奏变化的信心。<br>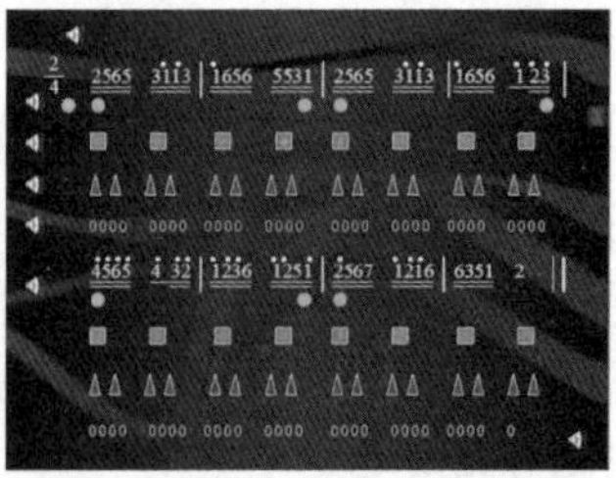<br>课件中的图谱很形象地展示了旋律出现的前四次舞步的变化，通过图谱可以很直观地看出，节奏越来越丰富，速度越来越快</td></tr>
</table>

续 表

| 教学活动简述 | 信息技术支持 |
| --- | --- |
| 3）即兴编创节奏。<br>全班同学以小组为单位进行编创。教师播放《大河之舞》经典片段音频，每组一名同学用较强的声音敲击稳定的节拍，其他同学根据自身对音乐的感受用较弱的声音即兴敲击变化丰富的节奏。教师提示学生：认真聆听音乐以及稳定的节拍，在稳定节拍的基础上，寻找身边的桌椅板凳等物品、或是身体的各个部位作为一种“乐器”，进行舒展节奏或紧密节奏的敲击，也可以采用舒展节奏与紧密节奏相结合的方式进行敲击。<br>（鼓励学生大胆编创，并及时给予鼓励，给学生一种成就感） | 播放《大河之舞》经典片段音频，学生根据已经掌握的节奏跟着音频即兴敲击。请个别学生到讲台上展示自己编创的拍手或拍桌子，用脚踏出节奏<br> |

3. 信息化环境下的评价

| 教 学 活 动 | 评价目的 | 评价方法 | 评价工具 |
| --- | --- | --- | --- |
| 教师用摄像机将每组学生的创编环节进行录制，然后将视频放在校园网网页上，学生课后自行观看，并根据喜好进行投票，下节课，教师根据投票结果进行总结 | 鼓励学生自主创编；学生间相互学习 | 作品展示 | 《大河之舞》小组节奏编创评价量规 |

## 思考练习

➤ 在以上案例中，教师是如何应用信息技术支持教学的？起到了什么作用？是否有可改进之处？

### 活动3 分析信息技术的作用点①

**说明:** 在本活动中,我们将共同学习信息技术促进教育变革的作用点,并了解信息技术在课堂教学中的应用。通过案例研读,加深自己对信息技术优化课堂教学的认识。

**第一步: 技术促进教育变革作用点**

通过前面的学习,我们知道信息技术可以促进教育变革,会引发学习方式、教育内容、服务平台、学习环境、课堂教学等多方面的改变。以下从基本原理(即技术何以变革教育)和作用点(即技术变革教育的可为因素)两方面着手阐述信息技术对教育变革的支撑作用。

1. 基本原理

信息化发展与人类学习、交往、工作和生活融为一体,数字化环境成为人类赖以生存与发展的环境。对学习者而言,技术突破了时空界限,丰富了信息的表现形式,改变了学习资源的分布形态与对其拥有关系,使学习资源具有无限可复制性和广泛通达性,这必将增加人们的学习机会,引起学习者学习方式、认知方式、教育关系及学习生态发生意义深远的改变,这必将会对教育教学产生深远影响。

2. 作用点

教育是社会发展的基础,技术在促进教育变革的同时将促进社会信息化发展。不论是在信息技术作用下顺应教育变革,还是运用信息技术来促进教育变革,在社会信息化、教育信息化变革过程中,都将会由于信息技术的广泛应用而不断促进技术发展。图 3-1 所示的是信息技术—社会—教育变革三元互动结构,展示了信息技术、社会因素在教育变革中的作用及相互关系。

透过图 3-1 所示的信息技术—社会—教育变革互动结构,可构建教育需求/问题、技术可为因素(简称为“技为因素”)、社会-教育可为因素(简称为“人为因素”)三维空间分析信息技术促进教育变革的作用点。首先,《教育信息化十年发展规划(2010—2020 年)》提出利用信息技术破解制约我国教育发展的难题,

---

① 祝智庭,闫寒冰.技术改变教学[M].陕西师范大学出版社,2015.4.

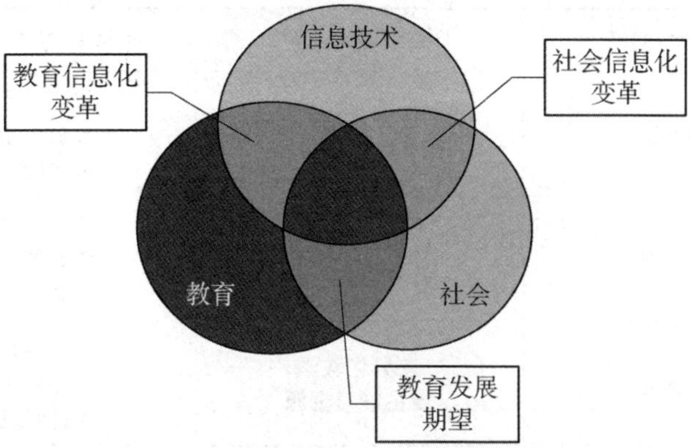


图 3-1 信息技术—社会—教育变革互动结构

这些难题亦是实现教育发展的期望，即可考察技术在解决这些难题中的可为因素。其中教育公平是最基本的公平；教育均衡发展是关系当前和今后一个时期中国基础教育发展的整体战略问题；教育的优质与创新发展是提升教育质量的重要举措；“个性化”学习是当代国际教育思想改革的重要标志之一[①]。其次，信息技术在发挥支撑作用的同时，也凸显社会—教育因素的重要性。唯有技术因素与社会—教育因素协同配合，才可最大化技术作用的效益以技术解决教育问题、实现教育发展期望。结合上述分析，从教育需求/问题出发，即可归纳出技术促变教育的可为因素，以及技术支撑下变革与创新发生所需协同配合的社会—教育可为因素（如表 3-2 所示）。

表 3－2 信息技术促进教育变革的作用点分析

| 教育需求/问题 | 技术可为因素 | 社会—教育可为因素 |
| --- | --- | --- |
| 公平问题 | 扩大教育规模<br>增加学习机会 | 变革教育体制<br>增加经费投入<br>优化教育结构 |
| 均衡问题 | 资源跨域配送<br>优质资源共享 | 改善管理体制<br>加大政策力度<br>照顾利益平衡 |

① 李广，姜英杰. 个性化学习的理论建构与特征分析[J]. 东北师大学报，2005(3)：152—156.

续 表

| 教育需求/问题 | 技术可为因素 | 社会—教育可为因素 |
| --- | --- | --- |
| 优质问题 | 优质资源生成与共享<br>加强形成性评估 | 优化质量指标<br>改进评价体系<br>加强师资发展 |
| 创新问题 | 虚拟实验环境<br>跨界协作平台 | 革新教育文化<br>创新课程体系<br>加强实践环节 |
| 个性问题 | 差异化教学<br>自主学习资源 | 更新教育观念<br>创新评价体系<br>再造管理流程 |
| 灵活问题 | 移动—泛在学习<br>提供微型学习<br>诊断学习过程 | 建立开放教育体系<br>建立终身学习体系 |

## 思考练习

➢ 在探索信息化教学的过程中，你们学校面临过哪些问题？为了解决这些问题，你们采取了哪些应对措施？效果如何？

问题 1：______________________________

问题 2：______________________________

问题 3：______________________________

➢ 在后续的信息化建设中，你们学校将在教学上采取哪些措施？建议你从“技为因素”、“人为因素”和“拟采用的技术”三个方面与学友展开讨论。

技术可为因素：______________________________

______________________________

人力可为因素：______________________________

______________________________

拟采用的技术：______________________________

______________________________

**第二步：信息技术在优化教学方面的作用点**

接下来，我们将分别从导入、讲授和评价这三个教学环节，进一步探讨信息技术在教学中的应用。

1. 信息技术支持的导入

导入是教师引导学生进入教学主题、把握教学重点的首要环节。导入的功能有很多,如建立新旧知识联系、启迪学生智慧、沟通师生情感等。信息技术支持导入的作用点包括以下六个方面:

作用 1:增加形象化、直观化、可视化

| 解释 | 案　　例 |
| --- | --- |
| 通过多媒体使抽象信息具体化,满足不同学习风格的学习需求 | 教师在讲授《在实践中追求和发展真理》时,借助 PPT 逐一播放"月亮"简笔画的不同完成状态(如图 3-2 所示),继而导入新课<br>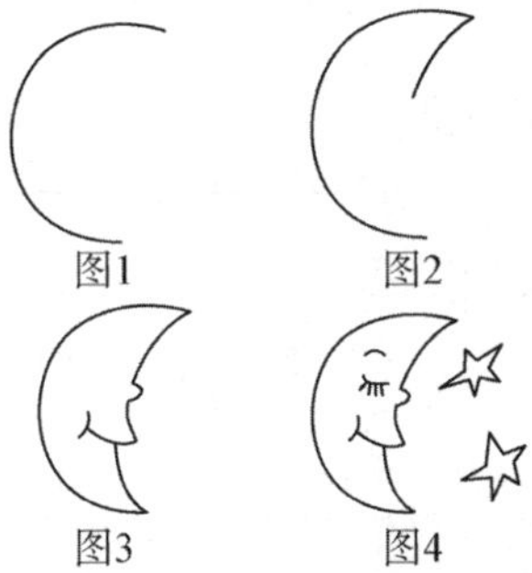<br>图 3-2　月亮简笔画 |

作用 2:强化情绪表达

| 解释 | 案　　例 |
| --- | --- |
| 通过音乐、动画播放速度、文字大小等来强化导入中的高兴、紧张、气愤、震惊等情绪的表达 | 教师授课的时候强调某个知识点是每年必考的,且学生的答对率特别低,可以出现图 3-3 所示的画面,呈现 2012、2013、2014 年该知识点的中考答对率。通过放大的字体引起学生们的注意<br><br>图 3-3　中考知识点答对率 |

作用 3：放大细节和增强真实感

| 解释 | 案　　例 |
| --- | --- |
| 通过数据、图表、聚焦等方式，放大需关注的细节，增强情景的真实感 | 图 3-4 是关于经济学理论的教学导入，导入的问题是“谁的工资合理”，该图首先利用简单的文字和图示提供了一个问题情境。可以放大需关注的细节，使学习者能够关注并讨论核心问题<br>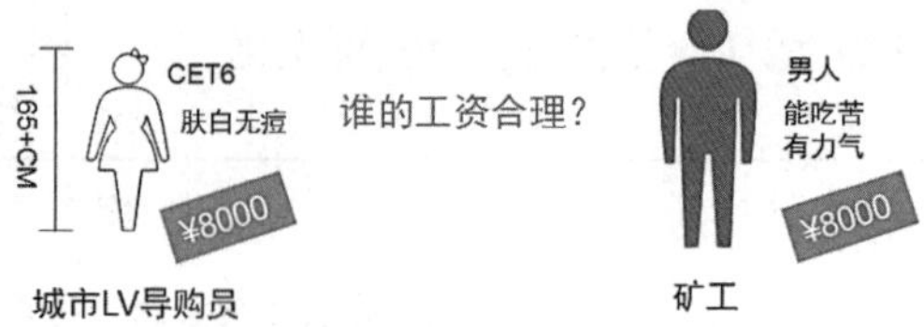<br><br>图 3-4　谁的工资合理 |

作用 4：呈现系统逻辑

| 解释 | 案　　例 |
| --- | --- |
| 利用知识树、概念图、对比等方式，帮助学生认识知识之间的逻辑关系 | 比如在复习已有知识的时候，教师们往往会直接出一道题，把以前的知识进行复习，但是也可以在多堂课上连续使用知识树（如图 3-5 所示），并在这棵“树”上设置超链接来出题目，这样可以帮助学生逐渐建立起知识点之间的关联，构建知识体系<br><br><br>图 3-5　四年级数学知识树 |

作用 5：加强体验与互动

| 解释 | 案　　例 |
| --- | --- |
| 利用平台或软件、工具，加强学生的体验与互动，增加导入环节的趣味性 | 美术课上可以使用网上平台 Voice Thread（http://voicethread.com），如图 3-6所示，将画作先传到网上，再邀请家人点评画作，课上在导入环节呈现点评信息，这种方式可以激发学生的兴趣 |

续　表

| 解释 | 案　　例 |
| --- | --- |
|  | <br>图 3-6　利用 VoiceThread 平台点评画作 |

作用 6：形成集体记忆

| 解释 | 案　　例 |
| --- | --- |
| 可以利用技术，将集体的记忆进行数字化存储与提取 | 利用概念图记录小组头脑风暴的结果，假设我们讨论的问题是“教师如何设计好微课程”，大家先进行头脑风暴，并用概念图等工具将小组讨论的结果记录下来，如图 3-7 所示。这样的思维脑图可以存储在电脑上，便于需要时提取<br>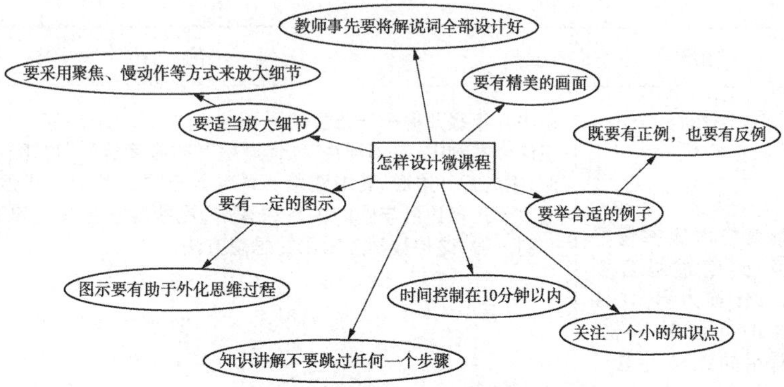<br>图 3-7　利用头脑风暴软件即时记录讨论的情况 |

2. 信息技术支持的课堂讲授

祝智庭教授认为，授导型教学是指在课堂教学中以讲解、演示、操练及练习、自主学习、小组讨论、合作学习、问题化学习等方法综合运用的课堂教学形式。

作用 1：技术优化的知识讲解

| 解释 | 案　　例 |
| --- | --- |
| 能够使抽象内容形象化、直观化、可视化；能够呈现对比和强调；能够建立知识之间的关联和结构。常用工具有 PowerPoint、思维导图、Google Earth 等 | 对于小学三、四年级的学生，学习如何“具体、生动地进行描写”是作文中的必修课。周老师从网上下载了两段视频，一段是 NBA 篮球视频片断“姚明灌篮”，一段是动画片《灌篮高手》中“流川枫灌篮”的片段。上课时，周老师先让学生观看两段视频，并记录两段视频的时间，动画片《灌篮高手》中“流川枫灌篮”的时间长度是 3 分多钟，“姚明灌篮”的时间为 24 秒。学生比较两个视频片断，体会到：具体、生动地描写，实际就是“拉长生活里的时间”，在作文中把瞬息的动作“定格”。周老师布置习作练习：让学生描写教师的举止。<br>接下来，周老师再次播放“流川枫灌篮”的片段，让学生观察动画片 3 分多钟所包含的各种信息：如投篮者的心理活动、观众的反应、对手反应等，使学生们认识到：具体、生动地描写，需有“镜头转换”，学生修改习作。教师用投影仪展示两篇习作，师生展开讨论。<br>在这个案例中，可以看到周老师利用镜头语言与文学语言之间的共同特点“放大细节、聚焦不同场景”，让学生深刻理解了如何生动具体地进行描写 |

作用 2：技术优化的推理演算

| 解释 | 案　　例 |
| --- | --- |
| 信息技术能够化静为动，使过程直观化；化难为易，使抽象的问题具体化。常用的工具有电子白板、几何白板、视频展示台或实物投影仪等 | 初中九年级几何——正多边形和圆<br>在这个案例中，教师利用“几何画板”的“深度迭代”功能制作正多边形，生成正 n 边形（其中变量 n 可输入任意正整数），不但加深了学生对于正多边形与圆的关系的理解，更帮助学生体验和理解“由特殊到一般”这种数学上常用的思想方法<br>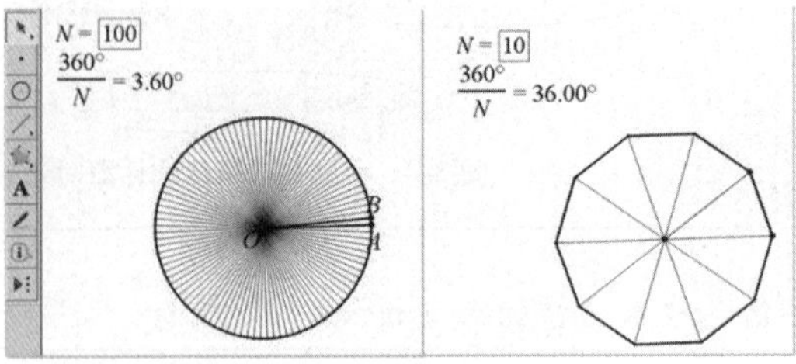<br><br>图 3-8　正多边形向圆的渐变 |

作用 3：技术优化的情感感悟

| 解释 | 案　　例 |
| --- | --- |
| 信息技术能够调动情绪、创设氛围、营造环境。常用媒体有绘声绘影、PPT 等 | 初中历史课——激发情感<br>在讲到关于抗日战争胜利的历史时，王老师播放了《义勇军进行曲》，此时很好地激发了学生们的爱国情怀，将学生们的思绪逐渐引入到这段历史中，深切感受到抗日战争胜利带来的喜悦 |

作用 4：技术优化的技能训练

| 解释 | 案　　例 |
| --- | --- |
| 信息技术能够虚拟现实、增强体验与互动、丰富练习机会等。常用的软件有语言训练软件 Painter IX 等 | 在一堂小学四年级的体育与健康课上，学生需要学习五步拳的基本动作。课前，薄老师利用平板电脑的摄像功能，拍摄五步拳成套动作及单个动作，并安装到各组的平板电脑中，供学生在学习过程中根据自己的学习需要，点击任一单个动作或成套动作进行浏览学习。当组内同学初步学会五步拳的成套动作后，相互用平板电脑拍摄学会的五步拳动作。每组推选一位动作完成好的同学，在全班展示和评议 |

作用 5：技术优化的实验操作

| 解释 | 案　　例 |
| --- | --- |
| 可以利用信息技术虚拟现实、增强体验与互动、丰富练习机会。常用的信息技术平台或工具包括虚拟实验室；各种传感器（如：大气压传感器、色度传感器） | 互动虚拟实验 PhET<br>这个在线的虚拟实验室非常有名，它能够完整安装许多虚拟实验，并且支持离线操作，网址为 http://phet.colorado.edu/en/get-phet/full-install，大家可以去体验一下<br>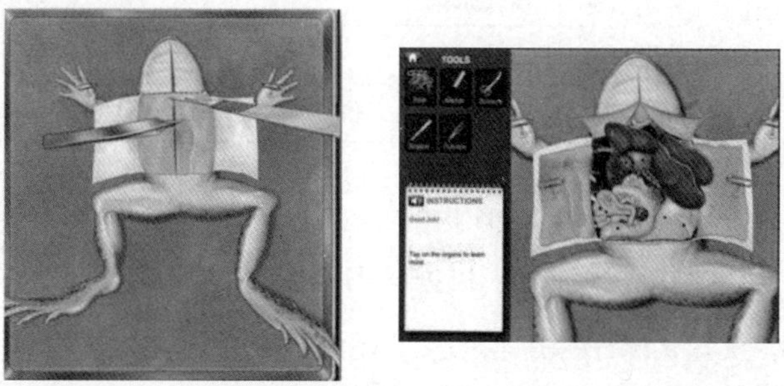<br>图 3-9　解剖青蛙的虚拟实验 |

作用 6：技术支持的能力培养

| 解释 | 案　　例 |
| --- | --- |
| 在教学中，我们希望培养学生高级思维能力，如：交流协作等 | 随着技术门槛越来越低、公共的技术服务越来越丰富，已少有教师要自己通过编制程序来创建网站了。百会是一个优秀的、提供公共技术服务的平台。教师可以用百会维基制作维客，支持学生们异时异地编辑同一文档；百会也可以支持共享演示文稿、文本和电子表格，在云端管理自己的文件等 |

### 3. 信息技术支持下的评价

信息化环境下的评价包含两方面的内容，一方面是利用信息技术来支持评价的开展；另一方面是利用工具（未必是信息化工具）来评价信息化环境下的教与学。这里，我们按照学习过程（学习活动前、中、后）将评价方法与工具进行了分类，如表 3-3 所示。

表 3－3　简单多媒体和交互多媒体环境下常用的评价方法和工具

| | 方法 | 工具举例 |
| --- | --- | --- |
| 学习活动前 | 认知状况评价 | 思维导图软件 |
| | 学习准备评价 | 问卷星 |
| 学习活动中 | 教学过程观察与记录 | 摄像机、录音笔、电子白板、移动终端等设备 |
| | 测验与练习 | Excel，现场投票器 |
| | 学生反思日志 | 博客（指导语） |
| 学习活动后 | 作业批阅 | Word 的审阅 |
| | 成绩统计 | Excel、成绩分析系统 |
| | 数字化作品评价 | 量规、观察表、评分指南 |

方法 1：认知状况评价

认知状况评价在于根据学习目标了解学生状况，分析学生已有的认知起点。认知状况评价并不局限于评价学生所能记忆的内容，更重要的是评价学生的认知能力和其他相关能力。常用工具包括 Inspiration、Xmind、Mindmanager、MindMapper 等思维导图工具。

方法 2：学习准备评价

学习准备评价在于了解学生的认知风格和已有的知识掌握情况，还包括学习态度及意识心理特征。需要根据具体的评价内容修改或设计评价工具。常用工具包括各种在线调查统计工具，如：问卷星（http://www.sojump.com）等。

方法 3：教学过程的观察与记录

教学过程的观察和记录在于使用照相机、摄像机、录音笔、电子白板、观察表等信息技术工具对教学中典型的关键事件进行收集和记录，并设计或使用观察表有针对性地了解学生情况，及时调整教学策略。常用的工具有照相机、摄像机、电子白板、移动终端等。

方法 4：测验与练习

测验与练习是教师常用的评价方法，便于及时了解学生对新知识的掌握情况。课堂即时反馈系统可以快捷的收集学生反应信息，系统实时生成学生们的反馈结果，如选错率最高的是哪个选项，哪些学生答错的概率大，系统不仅具有实时性，还能存储记录所有的课堂反馈信息，帮助教师有针对性地了解学生的难点，攻破难题。

图 3-10　课堂即时反馈系统

方法 5：学生反思日志

反思是帮助学生认识自我，培养其元认知能力的重要途径，信息化环境中，很多学校或教师鼓励学生写博客，用以记录学习过程，引发深度思考，博客充当的是评价工具，不仅方便学生自评互评，还有助于教师获取并解读评价数据，分析学生状态。

方法 6：作业批阅

作业批阅是利用文字编辑软件的批注审阅等功能便捷地修改作业，并将记录和修改过程再现，使得师生、生生之间能够充分互动的应用。常用的审阅功能包括插入、删除批注；接受、拒绝、比较修订等。何时需要加批注、加什么批注，教师的分析判断非常重要。

方法 7：成绩统计

成绩统计是信息技术支持比较充分的环节，很多教师都用电子表格等统计工具对学生的分数等内容进行自动化分析、可视化呈现。当前，也有一些公司开发了试卷编制及统计分析系统，教师利用这样的系统出试卷，并在每道题上标明知识点与难度级别，然后打印出纸质试卷，学生照常考试或测验。收集上来的试卷再通过扫描，就可以自动统计分数、分析易错点，进而生成学习分析报告，如图 3-11 所示。

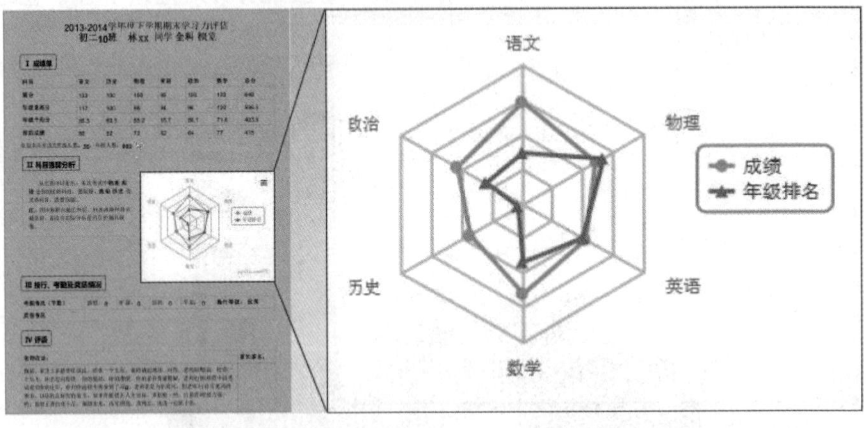


图 3-11　基于试卷编制及统计分析系统生成的学习力报告

方法 8：数字化作品评价

数字化作品是学生独自或小组完成的演示文稿、网站、视频及其他任务成果。数字化作品的评价通常使用量规，评价时既要关注最终作品，也应关注学生完成作品的过程评价。常用的工具有量规等（注：关于量规的设计将在专题四中介绍)，表 3-4 即为对多媒体项目的量规。

表 3-4　多媒体项目评价量规

| 评价项目 | 4 | 3 | 2 | 1 |
| --- | --- | --- | --- | --- |
| 内容 | 主题说明深入、详细，举例充分。主题相关知识很好 | 包括关于主题的基本知识。主题相关知识较好 | 包括关于主题的必要信息，但是有 1—2 个事实性错误 | 内容很少，或者有几个事实性错误 |
| 书写和语法 | 没有书写或语法错误 | 有 3 个以下的书写或语法错误 | 有 4 个书写或语法错误 | 超过 4 个书写或语法错误 |
| 组织 | 运用标题或列表将相关材料分类，从而将内容组织得很好 | 运用标题或列表组织材料，但整个内容的组织看起来存在缺陷 | 大部分内容组织得有逻辑 | 没有清晰的或有逻辑的组织结构，只是许多事实的罗列 |
| 口头表达 | 讲述生动，信息传递连贯，能一直抓住听众的心 | 讲述比较生动，信息传递连贯，一般能吸引听众的注意 | 信息传递不连贯，但大多情况下能吸引听众注意 | 信息传递不连贯，而且不能吸引听众的注意 |
| 原创性 | 多媒体产品反映许多原创的思想，想法有创造性 | 多媒体产品反映了一些原创的思想。并反映了一些新的见解 | 使用别人的想法(做声明)，并且很少有原创思想的痕迹 | 使用别人的想法，但没做任何声明 |
| 工作量 | 工作量由小组的所有成员平均分担 | 对所有小组成员的工作分配还算平均，虽然不同人的工作量可能会不尽相同 | 工作量进行了分配，但小组中有一个人分得的工作量太少，不够公正 | 工作量没进行分配，或者小组中有几个人分得的工作量太少，不够公正 |
| 需求 | 所有需求都实现，甚至做得更好 | 所有需求都实现 | 有一个需求没有彻底实现 | 不止一个需求没有彻底实现 |
| 展示 | 精心排演过，展示流畅，吸引观众的注意 | 排演过，展示还算流畅，大多数情况下能够吸引观众的注意 | 展示不流畅，但大多情况下能够吸引观众的注意 | 展示不流畅，不能吸引观众的注意 |
| 资源 | 收集的资源信息都是基于图形、事实和引证。所有文件的格式都符合需求 | 收集的资源信息都是基于图形、事实和引证。大多数文件的格式都符合需求 | 收集的资源信息都是基于图形、事实和引证。但没有符合格式需求的文件 | 没收集或收集很少的信息资源 |
| 许可 | 从网上“借来”的或由书上扫描的图形都已获得许可，并将其打印、保存，作为将来的证明 | 从网上“借来”的或由书上扫描的图形都已获得许可 | 从网上“借来”的或由书上扫描的图形大都已获得许可 | 从网上“借来”的或由书上扫描的几个图形有些没有获得许可 |

续 表

| 评价项目 | 4 | 3 | 2 | 1 |
| --- | --- | --- | --- | --- |
| 吸引力 | 字体、颜色、图形、效果等运用极好，增强了表达效果 | 字体、颜色、图形、效果等运用很好，增强了表达效果 | 运用字体、颜色、图形、效果等，但有时偏离了要表达的内容 | 运用字体、颜色、图形、效果等，但常常偏离所要表达的内容 |
| 草图 | 按时拿出草图，供小组内的同学们共享，并平等高效地进行反馈 | 按时拿出草图，供小组内的同学们共享，并平等地进行反馈 | 平等地提供反馈或编辑，但自己的草图没有准备好 | 草图没准备好，并且不能平等地提供反馈 |

（资源来源：http://rubistar.4teachers.org/）

### 第三步：案例研读

请认真阅读以下两个案例，并完成后面的问题。

**案例 1**

#### 基于微视频的信息技术教学案例设计①

| 教学环节 | | 媒体选用/教学过程 | 设计意图 |
| --- | --- | --- | --- |
| 导入环节 | 创设情景、吸引注意 | 在课前，赵老师在学生机上播放一则OLYMPUS相机的广告，广告主角通过不停更换相机的镜头和调整相机里自带的艺术滤镜效果，实现各种绚丽的拍照效果。最后广告停留在“Art Fliter”字幕上 | 1. 抓住学生心理，将学生带进教学环境；<br>2. 通过播放视频，吸引学生注意，激发学生学习兴趣 |
| 讲授环节 | 引出课题、层层深入 | 赵老师询问学生英文单词“filter”的意思？并解释为“过滤”，在Photoshop中意为“滤镜”。那么什么是滤镜呢？滤镜是一个拍照设备，安装在相机镜头前。教师给学生观看短视频《德国柯勒滤镜评测》，了解相机镜头上的滤镜。学生通过观看视频，了解滤镜是装在镜头前的设备，可以改变成像效果，做工精致并且价格不菲。但是我们可以使用Photoshop软件，来达到类似的效果，让我们的图片更有意思 | 1. 让学生理解什么是滤镜；<br>2. 让学生了解相机镜头上的滤镜；<br>3. 引发学生对于Photoshop软件学习的兴趣 |

① 程佑寅.基于微视频的信息技术教学案例设计[J].中国校外教育，2014(S2)：502—502.

续 表

| 教学环节 | | 媒体选用/教学过程 | 设计意图 |
| --- | --- | --- | --- |
| | 自主探索、教师引导、反馈练习、强化目标 | 赵老师将网页学件发给学生，并演示第一个任务“添加光晕效果”的操作方法，学生观看教师操作，完成任务。教师演示学生的作品，针对学生容易出现的问题进行集体辅导。学生借助于网页上的视频资源，完成“水彩效果”、“动态模糊效果”等基础任务。继续指导和集中讲解之后，学生借助于微视频继续完成本节课的综合任务，制作“白云效果”或是“江南水乡” | 1. 教师引导，帮助学生完成任务，学会“添加光晕效果”的操作方法；<br>2. 帮助学生掌握“水彩效果”、“动态模糊效果”等操作方法；<br>3. 完成“白云效果”或“江南水乡”的作品制作 |
| 评价环节 | 教学反馈 | 赵教师带领学生相互欣赏彼此的作品，并鼓励学生们互评和自评，针对容易出错的地方进行讲解，对做得出彩的学生进行表扬 | 通过互评和自评，能使教学反馈比较及时，有助于学生的学习 |

案例 2

## 函数 $y=A\sin(\omega x+\phi)$ 的图象（高中数学）①

1. 导入环节

| 导入 | 信息技术支持 |
| --- | --- |
| 利用网络中获得的一分多钟的视频片段“简谐振动的图象”进行演示，让学生去体会和发现所绘制曲线的形成原理（是单摆运动与纸板运动的合成），猜想与正弦曲线的联系，引导学生从解析式的角度去揭示这种联系。从学生已熟悉的单摆运动出发，去明确研究函数 $y=A\sin(\omega x+\phi)$，$(A>0,\ \omega>0)$ 图象的意义，使新课引入显得自然、易于接受 | 利用多媒体播放器播放实验录像<br>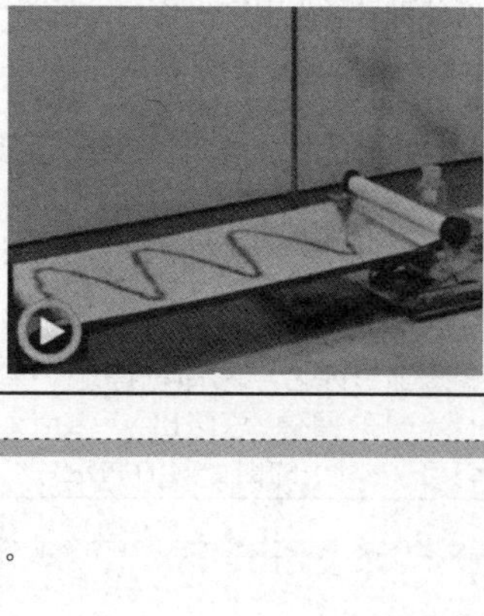 |

① 山东泰安二中曹炳友、济宁一中齐龙新的教学案例。

2. 讲授环节

| 教学活动简述 | 信息技术支持 |
|---|---|
| 1) 利用五点法在同一坐标系中作出 y＝2sin x 与 y＝(1/2) sin x 的简图。并理解 A 为振幅及其对图像的影响。老师操作几何画板，学生观察图像的变化。老师首先利用几何画板画出 y＝sinx 的图像，然后在同一坐标系中拖动参数 A 使其变化，画 y＝2sinx 出 y＝2sin x 与＝(1/2) sin x 的简图。直观感知出 A 影响了 y＝Asinx 的振幅，然后归纳出由 y＝sinx 的图像通过上下伸缩即可得出 y＝Asinx 的图像，总结出 y＝Asinx 与 y＝sinx 的图像间的联系 | 利用几何画板分别画出 y＝sinx、y＝2sinx 和 y＝(1/2)sinx 的图像。并对照呈现 y＝2sinx 和 y＝(1/2)sinx 的图像区别 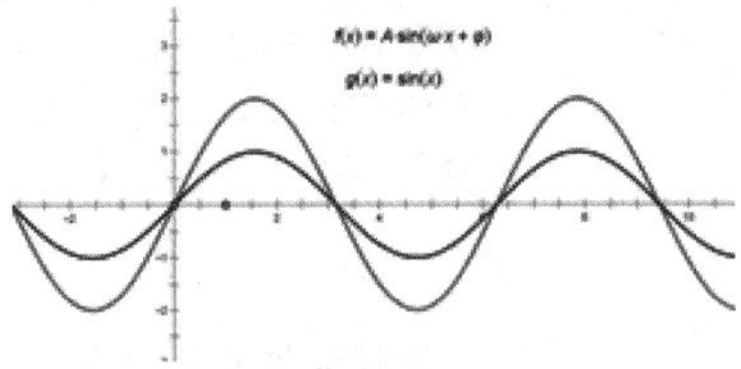 |
| 2) 利用五点法在同一坐标系中作出 y＝sin(1/2) x 与 y＝sin 2x 的简图。并指出它们的图像与 y＝sin x 的关系。老师操作几何画板，学生观察图像的变化。老师首先在几何画板上作出 y＝sinx 的图像，然后拖动参数 ω 使其变化，引导学生观察参数 ω 对图像的影响，直观感知出 ω 影响了 y＝sinωx 的周期，然后归纳出 y＝sin x 的图像通过左右伸缩即可得出 sinωx 的图像，总结出 y＝sinωx 与 y＝sinx 的图像间的联系 | 利用几何画板分别画出 y＝sin x、y＝sinωx 的图像。并对照呈现 y＝sinx 和 y＝sinωx 的图像区别 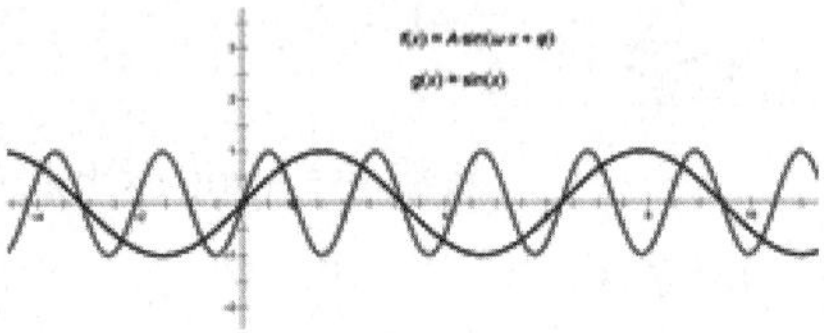 |
| 3) 利用五点法在同一坐标系中作出 $y=\sin\left(x+\frac{\pi}{2}\right)$ 与 $y=\sin\left(x-\frac{\pi}{2}\right)$ 的简图并引导学生观察出它们的图像与 y＝sinx 的关系。教师操作几何画板，学生观察图像的变化。教师首先在几何画板上作出 y＝sinx 的图像，然后拖动参数 φ 使其变化，让学生观察理解参数 φ 对图像的影响直观感知出 φ 影响了 y＝sin(x＋φ) 的左右位置，然后归纳出由 y＝sinx 的图像通过左右平移即可得出 y＝sin(x＋φ) 的图像，总结出 y＝sin(x＋φ) 与 y＝sinx 的图像间的联系 | 利用几何画板分别画出 y＝sinx、y＝sin(x＋φ) 的图像。并对照呈现 y＝sinx 和 y＝sin(x＋φ) 的图像区别 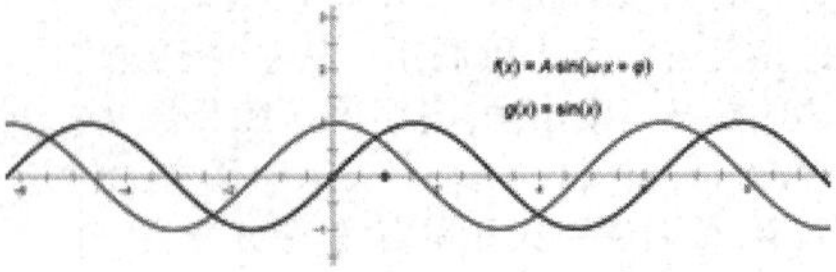 |

3. 评价环节

<table>
<tr><th colspan="2">教学活动</th><th>评价目的</th><th>评价方法</th><th>评价工具</th></tr>
<tr><td rowspan="2">探究 y = Asinx 与 y = sin x 的图像关系</td><td>1) 要求学生在练习本上利用五点作图,在同一坐标系中作出 y = 2sinx 与 y = (1/2) sin x 的图像。利用实物投影仪展示其作品</td><td>五点作图法的要领是否已经掌握</td><td>作品展示</td><td>五点作图法的评价量规</td></tr>
<tr><td>2) 教师在几何画板中演示 y = Asin x 的图像。学生归纳出 y = Asin x 与 y = sin x 的图像关系。并把二者关系在 PPT 中展示出来</td><td>1) 是否能够正确归纳出 y = Asinx 与 y = sin x 图像的关系。<br>2) 检测学习效果,便于查缺补漏</td><td>1) 提问<br>2) 小组汇报</td><td>小组讨论会的评价量规</td></tr>
</table>

**附表:**

表 1　五点作图法的评价表

| 评价项目 | 评价要求 | 分值(共 10 分) | 得分 | 总分 |
|---|---|---|---|---|
| 列表、描点、连线 | 1. 有无列表<br>2. 表格项目是否完整 | 3 | | |
| 计算准确性 | 计算是否准确 | 4 | | |
| 图形规范性 | 1. 坐标系元素是否完整<br>2. 连线是否光滑 | 3 | | |

表 2　小组讨论会评价表

| 评价项目 | 评价要求 | 分值(共 10 分) | 得分 | 总分 |
|---|---|---|---|---|
| 结论 | 是否正确 | 4 | | |
| 表现 | 踊跃与否 | 3 | | |
| 合作 | 组员之间是否能够积极协作 | 3 | | |

## 思考练习

➢ 请从导入、讲授以及评价这三个环节展开思考，分析信息技术在教学中发挥的作用。

________________________________________

________________________________________

________________________________________

### 活动 4　掌握评价课堂教学的方式与工具

**第一步：热身讨论**

➢ 请分享你所在的学校是如何评价课堂教学的。

________________________________________

________________________________________

________________________________________

➢ 在对教学设计或课堂教学进行评价时，你认为最重要的目的是什么？写出三个意图与学友共享。

________________________________________

________________________________________

________________________________________

**第二步：了解优课评价特色指标**

信息技术的广泛应用创造出了一个全新的教学环境，它不仅改变着传统的教学手段和学习方式，也彻底转变了教师的教学理念和学生的思维品质，甚至影响着整个教育生态的变革。2014 年 3 月，《教育部关于全面深化课程改革，落实立德树人根本任务的意见(教基二[2014]4 号)》明确提出要"充分利用现代信息技术手段，改进教学方式，适应学生个性化学习需求"，信息技术已成为改革现代教学不可或缺的力量。然而，走入一线课堂，信息技术在教学应用还存在着如下问题：

**问题一：**信息技术应用的教学性问题。过于追求新技术的功能特性，无视课堂教学的内在规律，一味按照技术功能组织教学，导致教学为技术所

"绑架"。

**问题二：**信息技术应用的实效性问题。盲目模仿信息技术教学应用方法，忽视课堂教学目标和需要解决的教学问题，存在着技术与教学"两张皮"的现象。

**问题三：**信息技术应用的成本性问题。将教学准备简单等同于技术准备，教学中过度应用技术，将简单问题"复杂化"，增加了教师的教学负担和教学成本。

为了提高信息技术在教学中的应用质量，实现信息技术在课堂教学中的有机融合，开展"信息技术在教学应用中的评价研究"，通过评价引导信息技术在教学中的有效应用也就成为信息化教学实施的当务之急。

2014年度的"一师一优课、一课一名师"活动公布的"优课"评价指标从教学设计、教学过程、教学效果、技术规范四个角度描述了一堂优质课的评价标准（参见教基二司函[2015]31号文件），可以将其视为优课的通用评价标准。

除了通用评价标准外，每堂"优课"也都有自己的特色。如果只有通用评价标准，在评价时就容易缺失对特色的关注。而教师参评时，为了"看齐"通用标准，也常为了"制造"得分点而特意设计"创新有余、实效不足"的教学活动。为了改变这种现状，教育部基础教育课程教材发展中心于2015年确立了"基础教育信息技术教学应用评价"项目。该项目的产出成果之一就是可以由教师自定义的"优课"评价标准①。课题组在大量文献研究、课例研究的基础上，总结出讲授启发、总结提升、技能训练、实验操作、交流互动、探究建构、评价反馈、模式创新八个特色评价指标，如表3-5所示。在对教师的课堂教学进行评价时，由主讲教师自选两个特色项（即该教师认为自己的这堂课最有亮点的两项），这两个特色项与"优课"通用评价项共同组成评价指标。这样，评课的专家、同行都是用教师自定义的评价标准对该教师进行评价，既关注课堂教学的共性，又关注课堂教学的个性。

① 注：该标准由华东师范大学闫寒冰教授主持研制。

表 3-5 “优课”特色评价指标具体内容

| 特色指标 | 对指标的描述 | 优 | 良 | 一般 |
|---|---|---|---|---|
| 讲授启发 | 通过教师的讲解与启发，帮助学生理解知识、习得方法 | 教师的讲解准确生动、深入浅出，具有逻辑性、启发性，有效解决了教学中的重难点问题，易于学生在所学内容与学科本质(核心问题)之间构建关联，达成学习目标；信息技术的应用对于重难点的突破不可或缺 | 教师的讲解准确流畅、清晰生动，具有逻辑性，能较好地帮助学生达到学习目标；信息技术的应用有效支持了教师讲解 | 教师的讲解准确流畅，内容明确，能帮助学生达到学习目标；信息技术的应用支持了教师讲解，但对教学效果影响不大 |
| 总结提升 | 在教学过程中促进学生巩固已学知识，深化理解 | 教学活动能很好地帮助学生发现问题和针对性指导，学生能够理解知识之间的关联，易于学生掌握学习方法，提升归类、整合、系统化的能力，有助于深化对已学知识的整体理解与运用，信息技术的应用对提升巩固知识的效率(如：即时反馈、在线测试等)和深度(如：可视化、结构化等)是不可或缺的 | 教学活动较好地帮助学生发现问题和指导，有助于深化学生对已学知识的理解。信息技术的应用有助于提升巩固知识效果 | 教学活动有助于学生对已学知识的回顾与再识。信息技术的应用对于提升巩固知识的效果是可有可无的 |
| 技能训练 | 引导学生通过练习、操作、体验等活动，提升某种专门技能 | 技能示范准确清晰，指导切中要害，活动富有创意，充分调动学生参与积极性，有效解决了技能训练中的重难点问题，能很好地帮助学生达成技能训练目标；信息技术的应用对于技能的提升(如：参与程度、示范清晰度、即时反馈、过程分析等)是不可或缺的 | 技能示范准确，活动安排合理，指导及时，解决了技能训练中的重难点问题，较好地帮助学生达到技能训练的目标；信息技术的应用有助于提升技能训练的效果 | 技能示范准确，关注技能训练中的重难点问题，能帮助学生达到技能训练的基本要求；信息技术的应用对于提升技能训练的效果是可有可无的 |
| 实验操作 | 师生运用实验设备，观察事物及其变化过程，探求科学规律 | 实验过程设计科学严谨，易于学生掌握实验方法与技能；活动过程中，学生有充分的动手动脑机会；实验过程易于学生理解本质、发现规律，很好地促进学生形成细心谨慎的实验态度和细致入微的观察习惯；信息技术的应用(如：创设数字化实验环境、采集与处理实验数据、突破时空、支持试错、丰富体验等)对于提升实验操作的效果是不可或缺的 | 实验过程设计合理，能较好地帮助学生基本掌握实验方法与技能；活动过程中，学生有一定的动手动脑机会；实验过程有助于学生领会事物的本质与规律；信息技术的应用有助于提升实验操作的效果 | 实验过程设计合理，能够帮助学生了解实验过程与方法；活动过程中，学生动手动脑机会较少；实验过程有助于学生了解事物的本质与规律；信息技术的应用对于提升实验操作的效果是可有可无的 |

续　表

| 特色指标 | 对指标的描述 | 优 | 良 | 一般 |
| --- | --- | --- | --- | --- |
| 交流互动 | 通过交流、讨论、辩论等方式开展学习 | 交流互动的情境(预设问题或任务、即时问题等)构建自然、合理,学生的参与度广、积极性高,能很好地体验到思维的碰撞,形成高品质的交流互动成果;有助于学生感受合作的意义与集体智慧的价值;信息技术的应用(如:提升研讨情境的生动性或真实性、提升交流品质的数字环境等)对于提升交流研讨的效果是不可或缺的 | 构建了较好的交流互动情境(预设问题或任务、即时问题等),学生能较好地体验到思维的碰撞;形成较高品质的交流互动成果;信息技术的应用有助于提升交流研讨的效果 | 构建了交流互动情境(预设问题或任务、即时问题等);在教师指导下,学生在交流互动过程中形成了学习结果。信息技术的应用对于提升交流研讨的效果是可有可无的 |
| 探究建构 | 指学生采用自主或合作探究的方式建构知识或完成学习任务 | 探究建构的主题有意义,能够很好地激发学生自主、合作、探究的意愿;学生能积极、主动参与探究过程,教师的指导易于学生自主获得对核心概念、过程方法、认知策略等的深刻体验与理解,发展学生的高级思维;信息技术的应用对于提升探究建构的效果(如:激发思维、发展思维品质、促进建构的深度和广度、构建合作环境等)是不可或缺的 | 学生参与主动、积极,教师的指导(包括提供的材料)有助于学生自主探究建构;信息技术的应用有助于提升探究建构的效果 | 学生参与不够主动、积极,教师的指导作用不明显;信息技术的应用对于提升探究建构的效果是可有可无的 |
| 评价反馈 | 教师与学生开展的即时提问、检测练习、作品评价等活动 | 评价反馈的组织实施与教学目标达成紧密相关;评价工具的设计科学、操作性强;评价跟随的指导行为及时有效,过程性评价所呈现的结果为后续学习提供了有效引导;信息技术的应用对于提升评价反馈的效果(如:反馈的即时性、交互性、针对性和全面性等)是不可或缺的 | 评价反馈设计与教学目标比较相关;评价工具设计合理,具有较强的可操作性;过程性评价的价值在后续学习中比较明显;信息技术的应用有助于提升评价反馈的效果 | 评价反馈的设计与教学目标关联度不高;信息技术的应用对于提升评价反馈的效果是可有可无的 |
| 模式创新 | 教学方式、教学流程、教学时空、参与者范围等呈现出与众不同、与常规不同的特点和新意 | 教学模式促使学生学习效率和学习质量显著提高,关注学生差异,有助于个性化教学;模式清晰,易于复制和推广。信息技术的应用是此模式(如改变教学流程、突破教学时空、扩大参与者范围等)成功不可缺少的一部分 | 有助于学生的学习效率或学习质量的提高,具有较高的借鉴价值;信息技术的应用有助于提升模式创新的效果 | 所采用的教学模式并无突出特点与创新,或者学生的学习效率、学习质量没有得到明显提高;信息技术的应用对于提升模式创新的效果是可有可无的 |

**任务：**请根据优课评价的特色评价指标，尝试对以下案例进行评析。

案例一

### 二次函数图像和性质综合应用①

黑龙江省佳木斯汤原县汤原第一中学的任老师是一位初三数学老师，他是一位善于发现问题的老师。他在教学过程中发现初三学生对函数，尤其是二次函数知识掌握不牢固，而且不会举一反三解决中考类型的数学问题，对于二次函数图像性质掌握得也不是很好。学生的知识掌握程度已经开始出现两极分化，对于优生说，能够透彻理解知识及知识间的内在联系，能够熟练解决中考问题；对于中等生来说，基础知识掌握较好，但不会灵活地应用并解决常见的中考难题，基础题型掌握较好；对于后进生来说，还不能有效掌握简单的基础知识，解决问题的方法与解题过程上都存在困难，成绩较差。对于当前问题，任老师是如何在学情分析的基础上解决这一教学问题的呢？以下是任老师上课的教学活动实录：

**活动一：**学生通过自己的独立思考，巩固，整理所学的基础知识，为完成后面配套习题打下基础，目的是让学生掌握基础知识。

复习内容：

1）二次函数定义，解析式。

2）二次函数图像及轴对称性。

3）二次函数的性质：①开口方向；②顶点坐标；③对称轴；④最大（小）值；⑤增减性。

4）二次函数的平移；抓住顶点坐标的变化，熟记平移规律；左加右减，上加下减。

5）二次函数与一元二次方程的关系。

**活动二：**通过精心的选题让学生演练，在教师引导下完成，达到巩固的作用。

① 案例引自："一师一课"平台，二次函数图像和性质综合应用[EB/OL].

● 考点 1：确定抛物线的开口方向、对称轴、顶点坐标和最值类型题。

● 考点 2：根据图像判断系数及有系数的代数式符号。此题是中考常见类型题，根据 a、b、c 符号规律进行判定，此外还应注意抛物线与坐标轴的交点坐标。

● 考点 3：抛物线和其他函数图像的共存问题，此类文体通常从比较简单的图像直线或双曲线出发，获得与抛物线有关字母的取值情况。然后由字母的取值情况来判断抛物线的大致位置，如果一致则有可能共存于同一坐标系中，如果不一致则说明不可能共存于同一坐标系中。

● 考点 4：二次函数与一元一次方程关系相互转化解决此类问题。

**活动三：**

● 考点 5：二次函数的平移。

主要是利用二次函数平移规律求解析式解此类问题，注意在平移的过程中，抛物线形状始终保持不变，而抛物线的形状只与二次函数二次项系数有关，所以要求平移后抛物线的解析式，只需求出平移后的抛物线顶点即可，只需将解析式化为顶点式，抓住顶点位置的改变，根据平移规律进行解答。

“中考快递”：2015 年龙东地区中考 23 题，让学生处于中考状态完成此题，主要考察如何利用已知条件求抛物线解析式，并利用轴对称性质解决三角形周长最小问题。

**活动四：**

● 考点 6：方案决策型应用题。

解决此类问题关键是通过分析题型，运用二次函数及其性质知识建立数学模型，然后再利用配方法或公式法求得最大值。

一定注意：顶点横坐标在自变量的取值范围内时，二次函数在顶点处取最大值，顶点横坐标不在自变量取值范围内时，根据题目的条件，具体分析，才能求出符合题意的最值。

标测：“考点 7：二次函数解析式的解法”让学生课后独立完成，检测一下本节课综合知识运用情况。

**活动五：**

● 小结：本节课你有哪些收获？

让学生总结整节课的得失，教师进行适当的点评，真正体现出学生是学习的主体，为今后自主学习奠定基础，由此达到数学教学的新境界。

## 思考练习

➤ 如果由你为上述课例选择特色指标的话，你会选择哪两项？（从讲授启发、总结提升、技能训练、实验操作、交流互动、探究建构、评价反馈、模式创新八项特色指标中选择两项）

___

___

___

➤ 请谈谈你对自定义评价指标进行课堂观察的理解与看法。

___

___

___

## 作业

从信息化条件、教师能力、应用要求等层面深入分析本校在教学层面存在的问题，思考应对措施，进一步修改完善学校信息化发展规划。

## 李校长的反思

这一专题的学习使我了解到信息技术应用的误区、原则，还学习到信息技术在优化课堂教学中的诸多作用点。将原来心中模糊的思路梳理清楚了，简单地说，信息技术的应用最终就是为了解决教学问题。

在这两周内，我们核心团队积极地进行了调研与讨论，最后初步确定了采用信息化平台A1的系统方案，并采纳出版社B2的微课程资源。两者结合起来，基本解决了“先学后教”的问题。此外，我们也与两家意向合作的机构(A1和B2)，确定了购买服务的合作方式，每年付给他们服务经费，而非一笔买断。考虑到我校的实际经济情况，A1和B2都同意了，并希望我们能够成为他们的样板学校。在向负责信息化发展校建设的县副局长汇报后，他对我们的工作思路非常认可，也希望我们能够先行先试，为全县做出示范，并特别向市局请求派一位有实践指导经验的信息化教育专家持续参与我们的工作。

非常有意思的是，当我心中没有信息化规划的愿景与目标时，我觉得教师们的信息化教学能力需要提高的地方非常多，简直不知从哪里入手。现在，学校的规划初步确定之时，课堂应该什么样子，我越来越明确——在学生们先期学习了成熟的微课程资源时，教师要能够在平台上布置合适的题目进行评测，而且题目之间必须有梯度；教师需要在上课过程中，改变传统的讲授模式，而将精力更多地放在检验、诊断和进阶的练习与巩固上。教师需要学习制作微视频，能够将之上传到平台上，供还没有掌握的学生再次学习……而这些能力，其实已与信息技术融合在一起了，教师还是要关注如何利用技术解决教育教学问题。

本专题中关于信息化优课的八个特色指标给了我们非常大的启发。确实，每个学科的特点是不一样的，在坚持“先学”的基础上，每个学科应有自己的教学特色追求。所以，我们决定将确定各学科课堂教学标准的权力交给学科教研组长，前提是各个学科都需要遵循“先学后教”的基本设定，并且研讨出来的教学标准要经过信息化教育专家的审核确定。同时，我也在考虑如何通过机制创新来调动更多教师的积极性，于是我们提出了面向“信息技术应用骨干教师”的绩效奖励机制。

表 3－6　柯县一中的学校信息化发展规划-部分(专题 3 学习后)

<table>
<tr><th colspan="2">关键举措及预期成果</th></tr>
<tr><td colspan="2">信息化教学：<br>启动时间：第一年的下半年启动</td></tr>
<tr><td>举措：<br>● 选用平台：A1 公司提供的信息化平台；B2 出版社提供的微课程资源。<br>● 教学标准：不同的学科自定义自己学科需要的特色指标，并大力推进“先学后教”模式。<br>● 推进机制：<br>(1) 学科教研组长在学科内针对学习与讨论的基础上，确定本学科课堂教学的特色指标。由信息化教育专家负责审定。<br>(2) 学校设定了“信息技术应用骨干教师”的机制，将那些热衷于信息技术应用的教师纳入其中，并与其绩效工资挂钩</td><td>预期成果：<br>(1) 适合不同学科的课堂教学评价标准。<br>(2) 测试题目与微课程资源明确对应，并且不断补充完善学习资源</td></tr>
</table>

专题四

# 支持教师专业发展

## 概述

在学校信息化建设过程中，教师专业发展非常重要——在这一方面，信息技术既是推动力量，又是能力要求。本专题涉及两方面内容，一是如何利用信息技术支持教师能力发展，你将了解发展性教师评价的理念及其方法，以及信息技术能够起到的推动作用；二是教师的信息技术应用水平应该达到什么标准，本专题最后一个活动将帮助你理解我国面向中小学教师的信息技术应用能力标准，明确教师专业发展的目标和学校努力的方向。本专题学习结束后，建议你根据本校实际情况，进一步修改完善学校信息化发展规划，将相应的教师专业发展规划纳入其中。

## 专题问题

1. 对于学校而言，教师评价的目的是什么？为什么要关注教师评价的“发展性”？

2. 何谓奖惩性教师评价？它的利与弊？

3. 何谓发展性教师评价？实施过程中需要注意什么？

4. 信息技术如何支持教师专业发展？

5. 技术整合环境下，对教师的信息技术应用能力提出了哪些新要求？

6. 教师会面临哪些困境和挑战？学校将如何支持教师信息技术应用能力的提升？

## 专题任务

◇ 理解发展性教师评价的理念，反思当前的教师评价。

◇ 了解促进教师发展的方法，并掌握相应的评价方法。

◇ 了解技术整合环境下对教师的能力要求。

◇ 研讨如何利用信息技术支持教师专业成长。

### 活动 1　思考发展性教师评价

**说明：**根据评价目的的不同，教师评价制度一般分为两种：一种是以奖惩为目的的教师评价制度，称为奖惩性教师评价；另一种是以促进教师发展为目的的教师评价制度，称为发展性教师评价。发展性教师评价是一种面向未来的教师评价。要想全面地提高教师专业能力，提升学校的课堂教学水平，促进学校未来发展，发展性教师评价可以给我们很多有益的启示。

**第一步：理解发展性教师评价的理念**

长久以来，我国大多数学校实行的是奖惩性教师评价制度，对教师的评价是以量化形式做出的终结性评价，其指导思想是奖优罚劣，激发教师工作的积极性。奖惩性教师评价着眼于教师个人的教学结果和成果，评价结果直接与教师的奖金、职称甚至去留等挂钩。

由于奖惩性教师评价制度存在某些弊端①（如：评价多为自上而下的行政举措，教师自身在对自己的评价中缺乏发言权；评价注重结果，较少对教师发展过程的关注等），越来越多的学校开始关注"以促进教师发展"为目的的教师评价体制，并进行了一系列的应用和探索。发展性教师评价不同于奖惩性教师评价，它不以奖惩为目的，而是以促进教师的发展为最终目的。将奖惩性教师评价与发展性教师评价相对比，可以更清楚地看到二者之间的区别。

表 4-1　奖惩性教师评价与发展性教师评价的比较

| 关键要素 | 奖惩性教师评价 | 发展性教师评价 |
| --- | --- | --- |
| 关注 | 多是横向对比 | 多是纵向对比 |
| 评价标准 | 管理者或专家制定，整个团队整齐划一 | 管理者、专家和教师本人共同制定，每个教师的评价标准可能是不一样的，并且是动态变化的 |
| 评价形式 | 管理者评价；<br>强调量化，通常是正规的，终结性的 | 多元评价：自评，互评，学生评，家长评；<br>强调质化，多一些非正规的、建设性的 |
| 评价时间 | 学期末（或学期中、学年末等） | 整个学期中 |
| 管理者角色 | 设计评价内容，实施评价 | 设计评价过程，组织评价 |
| 跟随行为 | 划分等级，进行奖惩 | 发现问题，总结经验，制定跟随性培训计划，研讨进一步发展方向等 |
| 教师角色 | 被动接受评价 | 主动参与评价，对自己的发展负有责任 |

① 许爱红．促进教师发展的评价体系的构建——以年终考核为例[J]．教育科学研究，2009，03：43—46．

## 思考练习

➤ 谈谈你对奖惩性教师评价和发展性教师评价的理解，包括它们的利与弊，并举例说明。

______________________________

______________________________

______________________________

______________________________

➤ 你所在学校对教师的评价是侧重奖惩还是侧重发展？学习之后是否有改进想法？

______________________________

______________________________

______________________________

______________________________

**第二步：思考当前的教师评价**

请浏览下面的案例，这是根据一名优秀教师的“牢骚话”采写的真实案例，请关注案例中的学校是如何开展教师评价的。

**案 例**

**一个优秀教师谈了本校的很令他反感的教师评价方式①**

你们真应该到我们的学校去教教书，说不出来的滋味，用我的话来讲，就是“信任危机”。我现在是高中三年级的班主任，负责两个班的教学。每天的课排得满满的。学校领导是怎样做评价的呢？我们在教室里教课，学校的领导们在走廊里面巡视，若是发现哪个教室里有学生睡觉，就会在课后给教师一个告知单，告诉你在你的课上，有学生在睡觉。作为教师，你会是什么感受？

---

① 闫寒冰．技术改变英特尔未来教育领导力论坛．学校教学评价与领导力发展[M]．2007：35—36．

周五下午雷打不动的是例会，每次找校里面的三四位教师上来讲。讲什么呢？有用的当然大家都爱听，可是要我说，这些“今天买了菜，明天买了肉”之类的话谁都会讲。我们的时间有多宝贵。可是总是用这样的事情来占用我们的宝贵时间。我不管，我就是拿着作业去批，校长在会上反复强调“要注意会风”，就是批评我们的，可是他们为什么不注意效率呢？为什么就不注意“会风”呢？

真的，学校里的管理都到了一种“疯狂”程度。就拿学校的“监考”来说，学校里开大会，讲监考的注意事项，这不够，还每个教室里给学生做动员，让学生监督老师，有哪个老师监考不认真，教室外面就放着“投诉箱”，学生随时可以投诉。这还不够！监考后，还要给每个学生发问卷调查，问“监考的老师监考认不认真？认真，不认真，一句话理由”，有学生都说了“认真不需要说明理由”，你说说，就是对老师不信任。还动不动就拿评职称和奖金说事，什么都跟奖金和评职称挂钩。让你工作的时候很压抑，更别谈有幸福感了。

还有这个过程性评价，我们每天都要填四五张表，就是领着学生看一场电影，也要填一张表，让你填教学目的、教学过程、教学手段！都填麻木了。填了表交上去怎么样呢？没有人分析，就堆在那里。也从来看不到学校的反馈结果，更别指望学校能通过这个评价结果来指导我们改进工作了。还有很多重复的表格就更别提了，期中考试后，内容类似的表都填了七八份了，什么内容？就是班级里的学情分析，多少人能上本科，多少人能上大专，等等。电子文档都在那里，类似的东西就不要让我们再填了，这种“战术”和“题海战术”有什么区别？我们这些做老师的都知道，关键不在于做多少题，而在于找到典型，重点分析，要提高效率。我们的时间有多宝贵，领导简直是看不得教师休息，其实我们有很多重要的事情要做，批改作业，分析学情，找学生谈话，查找资料，退一步说，即便我们教师休息也是为了更好地工作。课堂教学的水平功夫在课外，课外没有时间精心准备，课堂上怎么将课上好？

我不怕累，只要累得有价值，这样的评价管理对大家一点帮助都没有，还大把大把地耗我们的时间，有意义吗？

## 思考练习

➢ 请仔细研究这个案例，看看该校的领导采用了哪些评价方法，教师为什么非常反感？你来分析一下，这个学校的问题出在什么地方？

________________________________________

________________________________________

________________________________________

________________________________________

________________________________________

➢ 请结合本校实际情况，谈谈你校是如何开展教师评价的，并填写表 4-2。

**表 4-2　本校面向教师的评价情况表**

<table>
<tr><th>评价方式</th><th>评价目的</th><th>评价主体</th><th>评价工具</th><th>评价关注点</th><th>效果</th></tr>
<tr><td></td><td></td><td></td><td></td><td></td><td></td></tr>
<tr><td></td><td></td><td></td><td></td><td></td><td></td></tr>
<tr><td></td><td></td><td></td><td></td><td></td><td></td></tr>
<tr><td colspan="6">分享(在信息技术支持评价方面有什么特色，请共享你们的经验)</td></tr>
<tr><td colspan="6">反思(目前存在的问题，思考改进)</td></tr>
</table>

### 活动 2　学习发展性教师评价的方法

**说明**：从活动 1 我们了解到，以“促发展”作为指导思想的教师评价体系，有助于激发教师的潜力和主观能动性，应用于校本教研、课题研究、教学督导、培训考察、教学反思等方面，可以推动教师在工作中不断学习、不断研讨、不断实践，在反思中总结经验，提高自身专业水平。在本活动中，我们将共同探讨有哪些评价方法可以促进教师发展。

**第一步：了解发展性教师评价的方法**①

在企业的职业发展理念中，有个知名的“721”学习法则，是指成人的学习中，有 70%的经验来自工作中的学习，主要是把学到的一些知识应用到工作中，边工作边学习边总结，再应用，不断调整，形成可靠的经验与技能；20%是从其他人身上学习，主要指工作中借鉴、参考别人好的做法，以及与他人沟通、讨论、交流等过程中的互相学习；10%是常规的培训，主要指成人从培训师、讲师那里得到的启发与学到的知识。教师的专业发展也可以从这个学习法则得到很多有益的借鉴，要想真正地促进教师的自身专业发展，除了参加正规培训，还要向其他教师学习，更要不时地自省、总结与提升，而这个过程，事实上就是在工作中融入发展性教师评价的过程。

发展性教师评价的目标可以概括为三类，分别是监测进步的方法、鼓励反思的方法、展示绩效和能力的方法，而要达到这些评价目标，则要依赖多元的评价方法。请浏览服务于三类评价目标的各类评价方法，并在相应方法的“评论”一栏用以下符号表示感兴趣或有体验的类别：

√　我已经使用过这种方法。

×　我没有使用过这种方法。

＋　我对这种方法感兴趣并想进一步尝试使用。

－　我对这种方法不感兴趣。

?　我不理解这种方法。

找一名学友，分享你所感兴趣或者有所体验的评价方法。

---

① 改编自技术改变®英特尔未来教育领导力论坛. 学校教学评价与领导力发展[M]. 2007：26—29.

1. 监测进步的方法

监测进步的方法，一方面能帮助教师明确自己的努力方向，并保持不断努力的热情；另一方面能帮助教师在日常工作中进行有效的自我管理。而且，随着时间的推移，这些方法也能提供教学发展的证据。

表4－3 发展性教师评价的方法——监测进步的方法

| 评价方法 | 目 的 | 工具 | 评论 |
|---|---|---|---|
| 设计课堂教学改进计划 | 要求教师针对自己当前课堂教学的优势与劣势，设计改进计划，例如在语言技巧、助学技能、学科知识等方面形成预期。这个课堂改进计划将有助于教师经常性地自查与反思 | 课堂教学改进计划；对于语言技巧、助学技能、学科知识等各个方面的自查指标，便于教师自我定位 | |
| 观察和记录 | 在教师的集体备课、研修讨论、组织教学等活动中，对教师的行为等进行观察并记录，为教师的表现提供客观的反馈，为管理方法的调整提供参考依据 | 预设用于观察的问题列表；关注预期行为的检查表 | |
| 填写进程检查表 | 进程检查表可以由管理者设计，最好让教师们参与设计。一般来讲应与教师的“课堂教学改进计划”相一致 | 时间计划表 | |
| 召开教师会议 | 用于评价整体或局部的教学水平，在确定进一步努力的方向时非常重要 | 会议议程(含会议的目标和过程设计) | |
| 设立档案袋 | 记录教师所有的教学档案，用以反思并监测进步 | 文件夹设立规则 | |
| 问卷调查 | 学校管理者利用问卷调查了解教师、学生、家长的感受和建议，问卷调查的结果可以作为反馈来评价教师的进步情况 | 问卷调查表 | |

2. 鼓励反思的方法

这些方法能够帮助教师反思自己的教学状态，分析其努力成效，明确其努力方向。

表4－4 发展性教师评价的方法——鼓励反思的方法

| 评价方法 | 目 的 | 工具 | 评论 |
|---|---|---|---|
| 观看教学视频 | 教师可以通过回顾自己的教学过程，对于一些亮点和不足进行分析，并进一步明确努力的方向 | 课堂教学自查指标 | |

续 表

| 评价方法 | 目　　的 | 工具 | 评论 |
| --- | --- | --- | --- |
| 撰写教学日记 | 要求教师定期地更新教学日记内容，管理者可以规定一些提示性的开头语（如：今天我上的课是……，不足是……，优点是……），使教师在记日记的时候关注一些重要的问题。这些日记提供了过程性的反馈信息，从而帮助教师和管理者对进展情况进行回顾、反思并调整努力方向 | 表格、提示语 | |
| 面谈 | 管理者通过与学生面谈收集信息，然后再面对面与教师反馈交流。面谈中，管理人员向学生和教师所提的问题部分是事先设计好的，并且特别要注意面谈策略 | 预设了问题的面谈计划；观察指标 | |

3. 展示绩效和能力的方法

通过评价教师的具体表现，评价他们已达到的绩效和能力水平。

表 4-5　发展性教师评价的方法——展示绩效和能力的方法

| 评价方法 | 目　　的 | 工具 | 评论 |
| --- | --- | --- | --- |
| 书面或口头测试 | 对教师的学科知识水平进行测试，一般会采用书面或口头测试的形式。目的是为了让教师们通过这种测试更好地理解和掌握教学内容。特别适合新入职教师 | 测试题 | |
| 评课 | 对教师的课堂教学进行评价，可以教师之间互评，也可以组织专家进行评价 | 量规 | |
| 评价教案 | 对教师的教学设计进行评价 | 量规 | |
| 成绩统计与对比 | 对教师所教的学生学习成绩进行纵向或横向对比，以考察教师教学的成效。这种评价特别要求考试内容与教学发展的方向相一致 | 试卷 | |
| 评价说课 | 对教师的“说课”进行评价，以了解教师理念的深度以及和教学实践的对接程度 | 量规，评价表 | |
| 评“评课” | 对教师的“评课”水平进行评价 | 量规，评价表 | |

在了解了服务于不同评价目的的评价方法后，很多管理者会产生两种困惑：

第一，明明是“活动”，怎么成了“评价”？

在评价方法中，“观看教学视频”、“撰写教学日记”、“召开教师会议”等明明都是学校开展的活动，怎么成了评价方法。事实上，由于教师发展性评价讲求评价的过程性、非正式与建议性，因此它经常是融入日常活动中的一种伴随性评价。但与单纯的教学活动不同，它往往配合着明确的评价目标，并有评价工具协助。以“观看教学视频”为例，如果只是教师看自己或他人的教学视频，那确实只是一种常规活动，但如果在“观看教学视频”时，教师手里拿着“课堂教学自查指标”，一边观看视频，一边对自己的教学行为进行评价，那它就成了一种评价方法。所以，如果要在日常活动进行伴随性评价，发展性评价的意识、评价工具的科学性就非常重要。

第二，评价方法如何之多，哪里都用得上？

这里列出来的评价方法，可以说是教师发展性评价的一套“全集”，每个学校要根据自己学校的实际情况选用。建议先选用两三个评价方法，被教师们接受了，无缝融入自己学校的活动常规了，再考虑是否有必要适度扩展。

**第二步：关注听评课**

听评课是教师发展性评价的最常用、也往往是最有效的方法，它也是在各个学校开展校本研修中最为常见的一种研修方式。

请大家观看一段来源于优酷网的视频：“老师需要真正的反馈信息”（比尔·盖茨）。

在视频中，比尔·盖茨以自己学习国际象棋的例子出发，指出任何一个人的能力要得以提升，就需要得到有质量的反馈，而当前最缺少反馈的却是老师。他提到中国上海在几个学科中的教学排名靠前，其中一个非常重要的原因是：上海的教师在课外经常组织开展学校内的各种教学研修活动，通过各种途径不断获取最新的专业知识、不断提升自己的专业技能，通过与他人的交流（广泛的地域和学科的交流）获得专业归属感和认同感。比尔·盖茨还在这段视频中介绍了他的基金会正在致力于开发和推广这种为教师提供教学反馈的系统，以便让更多的教师和学生从中受益。

在教师的能力提升过程中，反馈非常重要，学术界也给出了相应的实证结果。美国学者乔依斯和舍瓦斯（Bruce Joyce and Beverly Showers）等人[①]的研究

---

① Joyce, B., and B. Showers. (1995). Student Achievement Through Staff Development: Fundamentals of School Renewal. 2nd ed. White Plains, N. Y.: Longman.

认为，教师专业发展培训项目的迁移效果受培训项目所采用的策略等多种因素的影响，如表 4-6 所示。

表 4－6　培训向实践迁移效果表

| 培训要素及其结合情况 | 培 训 结 果 | | |
|---|---|---|---|
| | 知识 | 技能 | 迁移 |
| 理论 | 0.15 | 0.50 | 0.00 |
| 理论＋示范 | 0.66 | 0.86 | 0.00 |
| 理论＋示范＋实践 | 1.15 | 0.72 | 0.00 |
| 理论＋示范＋实践＋反馈 | 1.31 | 1.18 | 0.39 |
| 理论＋示范＋实践＋反馈＋指导 | 2.71 | 1.25 | 1.68 |

从表 4-6 中不难发现，在促进教师专业发展的过程中，理论、示范、实践、反馈与指导都是必不可少的，而只有“反馈”作为一种策略加入进来之后，“迁移”才真正发生。

为什么听评课这个词总是将“听课”与“评课”关联起来呢？因为只有“听课”是不够的，只有加上“评课”才能引发高质量的反馈行为。作为管理者，一定要重视听评课的机制、标准及流程设计。

1. 开展听评课需要关注的问题

作为管理者，在开展听评课时，要关注以下几个问题：

（1）制定机制。对教师在一学期的听评课数量要有一定的要求，这样通过外在压力使听评课工作得以运行。

（2）培养意识。发展性教师评价的理念强调教师的主动性，认为教师自身应该被纳入到教师评价主体中。因此，只有外在压力是不够的，必须要激发内在动力。叶澜教授曾说过：“一个教师写一辈子教案，不一定能够成为名师；如果一个教师写三年反思，有可能成为名师”。所谓“教学反思”，实际上就是对经验的重新组织和重新建构。学校管理者要通过一定的宣传和讲解，使教师们理解教学反思的重要意义。

（3）研制标准。听评课需要一定的评价工具，而这些评价工具只有与教师们共同研制，才能使其更合理，并且教师们在研制标准的过程中，也会对“什么样的课才是一堂好课”内化于心，这是培养教师评价能力的一种有效途径。

(4) 设计流程。如果要使听评课工作开展得有效率，需要参加听评课的老师均遵循一定的流程。最基本的流程包括课前应能得到所听课的教学设计方案，明确授课教师的教学目标、教学用途；课中应有与听评课标准相对应的观察记录表，方便听课教师进行记录并填写点评意见；课后要对观察记录表进行收集、整理、分析，并反馈给授课教师。

(5) 提升能力。要想使听评课取得实效，参与教师的听评课能力也需要得到切实提升，他们要明确地知道自己应该如何去听课、从什么角度去观察，以及如何进行评课。一般来讲，评课包括对教学目标、教材处理、教学程序、教学方法、教学基本功的评价与分析。而这些能力并不是教师们本身就具有的，往往需要专门的培训与实践。一旦教师的听评课能力获得提升，这一项“发展性评价”就会起到事半功倍的作用。

2. 可选用的听评课模式

听评课是一种常用的教师专业发展方式，不同的研究者与实践者也总结出几种实用的听评课模式，可供学校根据实际情况来选择。

(1) 重点突破模式。教师课堂教学能力的提升不是一蹴而就的，当要提升的能力比较多，如果事事关注，反而不利于专项突破。因此，有的学校会让教师自行诊断课堂教学弱项，自行设立一个学期的提升目标(比如说：课堂提问能力)，并将这一提升目标知会给所有参加听评课的教师，以便他们听评课时给出更有针对性的点评与建议。具体操作方法如下：

首先，请每位教师填写下面的课堂教学改进计划表。

**表 4-7　课堂教学改进计划①**

**基本情况表**

| 姓　　名 | | 工作时间 | |
|---|---|---|---|
| 执教年级 | | 执教学科 | |
| 学　　历 | | 职　　称 | |

① 注：本表由本书主编根据上海市川沙中学华夏西校的案例编制而成。

请分析你在课堂教学中的优势与不足

| 自查项目 | 你当前的水平 | 在提高课堂教学水平方面的重要程度 |
| --- | --- | --- |
| 听说技能 | □优 □良 □中 □差 | □重要 □比较重要 □一般 □不重要 |
| 指导技能 | □优 □良 □中 □差 | □重要 □比较重要 □一般 □不重要 |
| 观察与调控技能 | □优 □良 □中 □差 | □重要 □比较重要 □一般 □不重要 |
| 鼓励技能 | □优 □良 □中 □差 | □重要 □比较重要 □一般 □不重要 |
| 新课的导入方法 | □优 □良 □中 □差 | □重要 □比较重要 □一般 □不重要 |
| 过程设计能力 | □优 □良 □中 □差 | □重要 □比较重要 □一般 □不重要 |
| 学科专业知识 | □优 □良 □中 □差 | □重要 □比较重要 □一般 □不重要 |
| 信息技术应用能力 | □优 □良 □中 □差 | □重要 □比较重要 □一般 □不重要 |
| 民主的师生关系 | □优 □良 □中 □差 | □重要 □比较重要 □一般 □不重要 |
| 对特殊学生的关注 | □优 □良 □中 □差 | □重要 □比较重要 □一般 □不重要 |
| 教学的个性与创新 | □优 □良 □中 □差 | □重要 □比较重要 □一般 □不重要 |
| 其他：________ | □优 □良 □中 □差 | □重要 □比较重要 □一般 □不重要 |
| 其他：________ | □优 □良 □中 □差 | □重要 □比较重要 □一般 □不重要 |
| 通过上面的自查，你有什么样的感受，有没有哪些项目在提高课堂教学水平方面十分重要，而你却是比较薄弱的呢？请分析你在课堂教学中的优势与不足。 | | |

确定你的课堂教学改进目标

请阐述你个人的课堂教学改进目标（一个学期的时间）

- 根据个人情况，明确自己在未来一个学期中的改进目标。注，改进目标指的是行为目标，即解决教学行为和教学方法上的具体问题。如："关注学生神态，及时调整教学"；"多一点鼓励，多一点赞赏"；"关注学习困难学生，让他们增加锻炼和成功的机会"；"培养学生的问题意识"；"加快作业反馈，重视作业讲评，及时解决问题"；"低起点，勤练习，多归纳，快反馈"；"加强课堂学习信息反馈"；"加强教学语言的规范性"；"放慢语速，尽量让基础较差的同学也能听清听懂"；"加强提问设计，将问题设计作为改进教学的起点"；"努力营造民主、平等、和谐的师生关系"；"研究性学习进入课堂教学"；等等。
- 请依次列出各个改进目标计划达到的水平（这里需要设计相应的标准，以便其他教师对你的课堂改进情况进行评价）

接下来，根据每位教师撰写的《课堂教学改进计划》草稿，各个学科教研组开展工作，通过对每位教师的了解、个别交流和集体讨论，确定教师的“课堂教学改进计划”。

在后续一个学期的听评课中，每位教师在提交教案时，均要明确标明自己计划改进的部分（与个人的“课堂教学改进计划”保持一致），其他教师在正常听评课的关注点之外，会重点关注该授课教师意欲改进的部分。

（2）三阶段两反思模式。这种模式是由上海教科院原副院长顾泠沅教授经过长期实践总结出来的。第一阶段：让授课教师按照自己的设计上课，这是教师的“原行为阶段”，全组教师进行第一次反思，帮他寻找自身的经验与理念差距；第二阶段：新设计阶段，关注新教学理念的课例设计和实施，授课教师上完课后，全体教师进行第二次反思，主要寻找课前设计与教学实际及教育理念之间的差距；第三阶段：新行为阶段，授课教师展示“两反思”后的教学成果，实现理念与经验的整合。不断坚持教师轮流驱动模式，达到三段“两反思”的“行为教育”模式惠及每个教师。

（3）同课异构模式。这种听评课法主要是在同一年段使用同一教材的教师中进行，并实现就同一内容两人或三人“教学捆绑”。所谓课的“捆绑”，是指由两至三名教师分三轮共上同一教学内容，这期间，教师所在的教研组要针对这一教学内容开展集体备课和评课。对教师而言，这是一种在同伴互助下的螺旋式的教学改进。当然，在很多时候，“同课异构”也作为学校、学区评价教师教学水平的一种方法，在这种情况下，就不包括过程性的集体备课与研磨了。

（4）示范引领模式。在这种模式下，主要是优秀教师上示范课，其他教师听课、学习。优秀教师可以是身边的教师，也可以是利用视频资料去听课，这样可以看到更多优秀教师的课。如果能取得良好的效果，听课的教师们事先也要有所准备，问自己：“这堂课，如果我来上，我会怎样上？”然后再听示范课，问自己：“这位老师是如何上的？”听课后，再问自己：“这位老师上的课好在哪里？他在教学背后的理念是什么？采用了什么方法？”当然也可以提出自己的质疑，在教师团队中共同研讨、反思。

无论是哪种模式，关键要看学校当前所面对的群体、已有的资源适合于哪种模式。而作为学校管理者，亲自听课、评课，是大面积提高教学质量的重要措施，同时也会在提升教师参加教研活动的能动性。

**第三步：关注面谈式评价**

面谈被作为对教师的“发展性评价”的一种常用方法。这种评价方法通过面对面进行商讨式的交流与沟通，把评价的目标直接指向了教学工作的改进，有助于加强民主和谐的人际关系氛围，提高教师、学生及教学管理者对教与学及管理教学的责任感，共同建构创生出新的教学看法和行为，帮助教师发展提高，推进新课程的实施。

1. 面谈的基本操作方法①

面谈式评价可分解为以下操作步骤：访谈前的分析准备→与学生群体访谈→分析研究访谈情况→与教师反馈交流。

(1) 访谈前的分析准备。

➢ 确定评价面谈对象。即准备对哪位教师的教学情况进行评价，并对该教师任教班级学生的情况及任课教师的教学情况进行分析。

➢ 确定信息和数据收集的渠道、方式和类型。从类型上说，信息包括口头信息和书面信息两种；从收集信息的渠道和方法上说，教师自我评价、课堂听课、学生评价等都是收集信息的途径。

➢ 制定简单的访谈计划，即访谈的内容、时间、地点、注意事项、访谈中可能出现的问题等。

(2) 与学生群体访谈。

评价面谈工作组进班级对学生进行面对面的群体访谈。首先向学生说明访谈的主题、目的及要求，力求打消学生们的顾虑，使他们以真挚、坦诚、公正、热情的积极心态针对老师的教学情况与我们进行交流。个别学生讲的不能代表大多数同学的意见，也会有学生情绪偏激，我们应及时进行解释及引导，尽力使学生的心态不激、不偏，保持公正，使反馈的意见具有普遍性。工作组成员在访谈中认真做好访谈笔录。

(3) 分析研究学生访谈情况。

对群体访谈中搜集到的教学信息进行认真的分析研究。学生讲出的大部

---

① 闫寒冰. 技术改变英特尔®未来教育领导力论坛. 学校教学评价与领导力发展[M]. 2007：32—33.

分是具体的事例，我们要寻找出现象后面的实质性问题，探讨解决问题的策略。我们对学生提出的解决问题建议进行分析归纳，做出取舍判断。

（4）当面与教师反馈交流。

首先要说明面谈的意义在于促进教师个人的未来发展和提高学校办学质量，决不是为了对教师作出某种判断或者为了达到某种其他目的，避免引起教师的反感或戒备；然后要充分认可教师的成绩，尽可能全面地把学生对老师的理解、赞誉反馈给教师，使教师获得激励和自信；之后针对学生提出的建议，与教师推心置腹地进行交流，共同探索寻找改进教学的方法，把教师作为自我评价的主体，与学生的评价和管理者的评价进行对话，努力使教师能以平和的心态、主动发展的愿望面对教学中的问题。

2. 情境模拟

在这个活动中，每个小组将得到一个情境，请小组成员出谋划策，由一人扮演教师、一人扮演学校管理者，进行面谈，学校管理者要尽可能多地展示面谈的技巧。

**情境 1：**赵老师，45 岁，一直很敬业，是班主任，教学成绩也很好。在面谈时，学生们谈到的更多是“老师很厉害！”也有的学生很欣赏“老师穿衣服很讲究”，看惯了其他教师素面朝天的样子，觉得该教师在这样繁忙的工作中还保持这样的生活态度，感到很欣赏。在与学生的面谈中发现该教师有时讲话过于偏激，对一些学生（特别是学习不好的学生）的自尊心没能很好地保护。比如，有学生反映，一位学生曾患有小儿麻痹症，腿部行动有些异样。有一次，该学生上课时回答不出来问题，赵教师竟然说：“你的腿麻痹了，你的脑子也麻痹了?!”连其他同学都感到不合适，但不敢向教师指出。可以看出一些学生的学习积极性是受到了挫伤。

**情境 2：**张老师，52 岁，教学成绩一般，用功但缺乏创新的意识。这位教师在学生们的心目中是标准的老好人，对学生从来都是耐心有加，有些生活上的问题也愿意找她来帮忙。有位学生提到：“张老师上课用粉笔特别注意节约，别的老师不爱用的小粉笔头她都用；还有她虽然不是我们班的班主任，但看到讲台脏时经常用抹布擦讲台。”不过，同学们有点感觉好笑地指出，张老师从来上课用的都是手抄的教案，大家都感觉有点不可思议，也有同学建议张老师改用电脑打教案，会减少很多工作量，但张老师以不会打字为由拒绝了。另外，也有同学委婉地指出张老师上的课很沉闷，基本上是讲教材上的内容，是“满堂灌”类型的，而且每次课都是那个套路，没有什么新意。大家觉得老师很认真很辛苦，所以不好意思不听课。

**情境 3：**肖老师，25 岁，英语老师，毕业上岗才两年，班级的学习成绩波动较大，此次期中考试的成绩就很不理想，老教师们分析了试卷认为肖老师对一些必要的知识点都没有做重点讲解，使学生对一些必要的知识点都没有掌握，也有老师反应肖老师上课往往会脱离教材擅自发挥，对于他认为枯燥的内容就一带而过，对于他认为有趣的内容还会从课外找些资料让学生们学，甚至在课堂上还做小品，借以教授他认为有趣的英语内容。从与学生的面谈中，可以看出学生们对于肖老师非常喜爱。喜欢的原因有很多，有的说：肖老师的课总有新花样，上他的课感觉很轻松，原来不喜欢英语的，现在也开始喜欢英语了；有的说肖老师和我们约好一起去看动漫展，还约我们周末一起看英语动画片《灰姑娘》；还有的说肖老师的电脑用得最好，设计的动画可好看了；有的说和肖老师在一起就像和自己的朋友在一起似的；有的还说肖老师多才多艺，班级里的同学简直都成为他的粉丝了。

**第四步：理解量规及其他评价工具的设计**

在发展性教师评价的方法列表(图 4-5)中，“量规”这一词作为评价工具反复出现。那么，什么是量规呢？如果在字典里查找量规(Rubric)的含义，上面的解释常常会使人更为迷惑，如“法规的标题”或“用红色突出某事”等。事实上，我们这里提到的量规是专属于教育领域的术语，量规专家海蒂·古德瑞齐(Heidi Goodrich)将它定义为“为一项工作列出标准的评分工具”[①]。而我国的教育技术领域专家祝智庭教授则将它定义为“一种结构性的量化评价工具”。目前，这些定义还没有收录进非专业性字典。

量规的常见表现形式如表 4-8 所示：

① Changing Schools in Long Beach (Spring 1997), Reforming middle school and school systems, Vol. 1, No. 2 [EB/OL]. 2001-10-09.

表4-8　教案评价量规①

| 评价指标 | 4 | 3 | 2 | 1 |
| --- | --- | --- | --- | --- |
| 课程和标准 | 支持适合于学习对象的核心课程内容，并且与课程标准要求一致 | 通过一些课程标准较为清楚地说明了课程与标准(教学大纲)之间的关系 | 通过很少的课程标准来说明课程与标准(教学大纲)之间的关系 | 没有说明该课程所依据的课程标准(教学大纲) |
| 以学生为中心 | 有吸引力的，并且它促使学生更有创造性。支持学生的自主选择，通过将至少一个部分设计成开放式的，来鼓励学生对自己的学习负责 | 有吸引力的，并且教学灵活，能够抓住学生的兴趣点 | 有吸引力，但是学生的自主选择和学习弹性是受限制的 | 缺乏吸引力，学生不能弹性地选择或自定步骤、主题和最终产品 |
| 合作 | 满足下列至少两个条件：<br>(1) 很清楚地看出来，教案的设计与实施需要同校或异校的教师们共同努力。<br>(2) 学习中的大部分内容要求学生以小组形式工作。<br>(3) 全班共同收集数据或由远程伙伴提供 | 满足下列的一个条件：<br>(1) 很清楚地看出来，教案的设计与实施需要同校或异校的教师们共同努力。<br>(2) 学习中的大部分内容要求学生以小组形式工作。<br>(3) 全班共同收集数据或由远程伙伴提供 | 满足下列的一个条件：<br>(1) 教师小组在教案设计和实施时共同承担部分责任。<br>(2) 学生们至少在某一阶段的学习中是以合作形式进行的 | 学生和学生、学生和教师、教师和教师之间缺乏合作的机会 |
| 教师角色 | 描述了教师的特殊活动，以及他/她是如何支持和评估学生学习的。能够考虑到教学实施过程中的潜在问题，并提出可供选择的教学策略建议 | 描述了教师的特殊活动，以及他/她是怎样支持学生学习的 | 通过一般的暗示间接地提到教师的角色或对教师的角色描述不清 | 没有描述教师的角色 |
| 教学设计 | 完整、有深度且可调整。为优秀学生提供拓展学习的机会，并且/或者能够提供相应的策略来适应有特殊需要或不同学习风格的学生 | 完整且有深度，但不能提供相应的策略来适应有特殊需要或不同学习风格的学生 | 完整但缺乏深度，不能提供相应的策略来适应有特殊需要或不同学习风格的学生 | 不完整且过于粗陋 |

① 闫寒冰. 信息化教学评价：量规实用工具[M]. 教育科学出版社，2013-9.

续 表

| 评价指标 | 4 | 3 | 2 | 1 |
|---|---|---|---|---|
| 评估 | 教学目标的界定清楚、可接受且可测量，描述了多种可选择的评估策略 | 对教学目标有充分的界定，而且评估策略为教学目标服务 | 评估策略和教学目标之间有一些联系，但不充足也不完全 | 评估策略和教学目标没有联系 |
| 使用网络 | 通过下列方法促使学生积极使用网络，帮助学生达到他们的学习目标：<br>(1) 搜索信息。<br>(2) 与同伴、专家交流。<br>(3) 在网上发布他们的研究成果 | 通过以下列出的至少一个方法促使学生积极地使用网络，帮助学生达到他们的学习目标：<br>(1) 搜索信息。<br>(2) 与同伴或专家交流 | 教学中的网络使用是重要的内容，并且使用的可能是教师设计的站点 | 使用网络，仅把学生作为信息的消极接受者，没有很好的设计，或使用网络的价值不高 |
| 简便易行 | 在特定的目标年级中实施，是可行的。此教案已经试行过，并且教师提供了相关的经验与反思 | 在特定的目标年级中实施，应该是可行的，但这个教案没有试行过 | 实施起来具有一定的难度，因为它所涉及的材料或策略不好获得，也不易管理 | 至少存在下列的一个缺陷：时间要求过于死板；对于通常的学校教学来讲，费用过高；只是简单地使用网络媒体 |

说明：这是一个要求“以学生为中心”和利用网络资源进行教学设计的评价量规。该量规从教学理念选择、教学方式与策略设计、教学评估、教学实施等方面设计了 8 项评价指标。每项指标包含 4、3、2、1 共四个等级的描述，每项指标的评价标准从左到右依次降低，等级 4 为本项评价指标需要达到的最高或最好要求。该量规可用于教师自我评价或他评。

从表现形式上来看，量规往往是个二维表格，它会从与评价目标相关的多个方面详细规定评级指标。从国内外的相关教案中，我们看出在新型的评价工具中，量规是最为普遍使用的，很多时候“提供评价量规”甚至成了“提供评价工具”的代名词。

1. 为什么要使用量规

那么，为什么要使用量规呢？因为我们在评价人的表现（如：课堂教学）或作品（如：教案）时，是不可能有标准答案的，如果没有评价工具，每个人都会根据自己的经验和感受来评价,结果往往大相径庭,使得评价失去了客观价值。那么,表现或作品是不是真的没有标准可言呢?当然不是,只不过这种标准大多数时候是作为专业知识"藏"在专家的头脑中。为此,需要一种操作性好、客观性强、体现评价目标的工具,将专家知识外化出来,使得大部分人可以参照和使用。在教师专业发展的语境中(事实上,量规更广泛地应用到对学生学习的评价之中),量规有以下作用:

● 它们帮助教师定义"什么是高质量的表现和作品"。在开展听评课、点评教案等活动时,应用量规可以有效降低评价的主观随意性,不但可以专家评、校长评,而且还可以自评和同行互评。

● 量规使标准公开化,教师在理解了量规的意义时,他们可以知道自己应该做到什么程度,才能获得成功,从这个意义上来讲,量规支持了教师的自主学习与自我发展。

● 当校长、教研组长、教师共同研制教学标准时,大家对于什么是"好的教学"就能达成共识,每个教师对于开展良好的教学也有了自己的担当。

● 量规减少了常规点评中的评分时间,并且使被点评的教师更容易理解为什么得到这个等级,以及他们怎么做才可以获得提高。

2. 如何设计量规

虽然从字面上看量规是一个全新的名词,但从内涵上讲它并不是全新的。在传统的教学评价中,特别是在评价非客观性的试题或任务时,人们已经自觉或不自觉地应用了这种工具。例如,教师对学生作文的评价,往往会分别就内容、结构、卷面等方面所占的分数给予规定,以便更有效地进行评价;又如教师在期末评价学生一学期的表现时,也往往会从学生的学业成绩、劳动与纪律、同学关系等多个方面进行综合考虑,给出优、良、中、差的等级评定。只是人们对使用量规的自觉性和规范性还远远不够。

为了更好地设计量规,使这个工具科学、可靠、易操作,设计量规时要注意以下几点:

● **要根据专业发展目标和教师的水平来设计评价指标**

专业发展目标不同,量规的评价指标也应不同。例如,在评价新教师的课堂教学时,通常从教学常规、教学基本功的角度去评价;在评价创新教学时,通常会关注教师的引导质量、学生的参与质量,以及教材重构设计等;而在评价信息化教学时,除了对教学设计、教学实施、教学评价的常态关注指标外,还要重点考虑信息技术应用是否有效,能否解决教学重难点问题等。评价指标是设计量规的第一步,可以通过参与教师们头脑风暴的方式来产生。

● **根据专业发展目标的侧重点确定各评价指标的权重**

对量规中各评价指标的权重(分数)进行合理的设置不但可以帮助有效的评价,还可以引导教师把握好努力的方向,起到目标导向的作用。评价指标的权重设计与教师专业发展目标的侧重点有直接的关系。还是以课堂教学评价为例,如果教师处于入职期,那么赋予教学常规的权重应该高一些,而如果教师已经进入成熟期,则赋予创新教学的权重就应高一些。

● **用具体的、可操作性的描述语言清楚地说明量规中的每一部分**

在对量规的各评价指标进行解释时,应使用具体的、可操作性的描述语言,而避免使用抽象的、概念性的语言。如在评价教师的信息收集能力时,如果标准是"学生具有很好的信息收集能力",此标准将会形同虚设;而如果标准是"从多种电子和非电子的渠道收集信息,并正确地标明了出处",则标准就明确得多。后者所具有的可操作性,正是量规最宝贵的特质之一。比较好操作的方法是,教师们一同观看多个同类作品(如:教案),将这些作品按"优"、"良"、"中"、"差"分类放置,然后大家对每类作品进行描述"是什么原因,你认为这个作品应该放在这个等级中",可以用便笺纸贴在相应类别处,这样操作下来,不同等级的作品就有了一些相关的描述,然后再通过分析、修订、讨论与整合,相应的指标下的描述语言就产生了。

除了以上三点外,下面四点对于量规的设计也是很重要的。

(1) 同一部分必须出现在每个量规水平里。例如,如果水平 1 中涉及"信息收集"项,则水平 2、3、4 也最好包括此项。

(2) 量规水平必须尽可能接近等距离。例如水平 1 和 2 间的距离应当和水平 3 和 4 间的距离相等。

(3) 量规设计时,应尽量让被评者(如:教师)参与设计。可以想象,当一个教师能够为教案设计编写量规时,他就会了解什么才是"优秀"的标准,他就能应用这个量规检验自己的表现,并有意识地向"优秀"的标准看齐。

(4) 设计初步完成的量规，应该有一个试用的过程。要看一看，应用此量规评价出来的等级是否真的和专业经验所认定的等级相一致，否则就需要去重新修订量规。

设计出一个好的量规并不容易，很多接触量规并尝试用量规来实施评价的教师都承认设计量规需要更多的时间与经验，而自己显然有些力不从心。因此，如果没有专家引导进行量规设计，也可以先通过网络寻找相似的评价工具，然后再做修订，这种做法，在速度和质量上都会有较好的提升。

在评价工具中，量规可以算是最为系统、表现形式也最为复杂的了。而如果对它的表现形式作一些简化，就“变”成了其他的评价工具。

例如评价表（如表 4-9 所示），就只给出量规的最高标准（优），而并不写明其他（中、差等）标准。

表 4-9 优质课评价表

| 指标 | 对指标的描述 | 观察项 | 不同意 | 比较同意 | 非常同意 |
|---|---|---|---|---|---|
| | | | 一般 | 良好 | 优秀 |
| 教学设计 | 教师在教学对象和教学需求分析的基础上，对教学过程的整体规划 | 1. 教学目标与课程标准的要求一致，层次合理，具体可观测 | | | |
| | | 2. 教学内容容量适度，关注学生的个性化学习 | | | |
| | | 3. 教学要求、教学策略和活动组织要有利于教学目标的实现 | | | |
| | | 4. 教案具有严密的计划性和组织性 | | | |
| | | 5. 教学评价与教学目标有明确的关联，合理且具有可操作性 | | | |
| 教学实施 | 在教学设计基础上所开展的教与学的过程 | 1. 精心组织教学内容的展开、深化，能突出重点，突破难点 | | | |
| | | 2. 教学内容突出学科本质；教学策略巧妙有效，能激发学生学习兴趣 | | | |
| | | 3. 教学策略巧妙有效，能激发学生学习兴趣 | | | |
| | | 4. 教学活动的组织、调控高效 | | | |
| | | 5. 评价的实施时机适当，反馈及时有效 | | | |

（续表）

| 指标 | 对指标的描述 | 观察项 | 不同意 | 比较同意 | 非常同意 |
|---|---|---|---|---|---|
| | | | 一般 | 良好 | 优秀 |
| 教学效果 | 在有效的课堂教学时间内，预设教学目标的达成情况，以及学生学习所呈现的状态等 | 1. 大多数学生在学习过程中主动思考、积极参与 | | | |
| | | 2. 教学目标及预定的具体要求达成度高 | | | |
| | | 3. 课堂时间充分利用，活动成本相对较低 | | | |
| | | 4. 及时诊断学习成效，与后续教学有效衔接 | | | |
| | | 5. 师生关系融洽，学习氛围民主、平等、积极向上 | | | |
| 技术整合 | 将信息技术整合到教学中，促进师生的教与学 | 1. 信息技术的应用能激发大多数学生的学习兴趣，符合学生的年龄特征 | | | |
| | | 2. 教师熟练应用信息技术工具，表现出对内容和节奏的有效把握 | | | |
| 教师素质 | 教师的学科素养、教学风格以及人格魅力在课堂上的综合体现 | 1. 体现现代教学思想与教学行为的统一 | | | |
| | | 2. 体现深厚的教学素养和灵活的教学机制 | | | |
| | | 3. 体现良好的教学个性与风格 | | | |

### 第五步：应用信息技术支持教师发展性评价

在前面的活动中，我们了解了多种可以促进教师发展的评价方法。接下来，我们将通过两个案例的学习，了解信息技术是如何支持教学评价的。

**案例 1**

#### 张校长学校的信息化教学评估系统[①]

张校长是一所普通中学的校长，这所学校的教学质量处于全市的中游水平，年轻教师居多。上任以来，张校长就将提高教学质量，提高学校排名

① 案例引自技术改变®英特尔未来教育领导力论坛．学校教学评价与领导力发展[M]．2007：36—40。编写者：闫寒冰

作为自己的头等大事。

上个学期，张校长在信息技术类的杂志上，了解了信息化的“教学评估系统”，这个系统能够在主控室里随时看到课堂里的上课情况，并可对摄像头进行遥控，以更好地捕捉教师上课的细节。这套系统还真是价格不菲，不过，经过长时间的论证，校领导班子还是决定购买这套系统，利用假期在每个教室都安装了监控摄像头，并专辟教室安装了“主控室”系统。同时，为了将“听课制度”规范化，领导班子还请高校的专家制定了不同类型的评价量表，如：知识传授课、知识拓展课、研究性学习课等。同时，将听课的评价结果与教师考评严格结合起来，在开学初向全校教师公布了如下“听课规则”：教师每次课的教学设计均需上传至系统中相应的位置，以便听课者了解授课意图。每次听课均不告知，但每学期每位老师的课将至少被听过两次。听课将在“主控室”内进行，每次听课的人将至少包括三人，这三个人将利用“评价量表”严格为授课教师打分（量化评估），并要求写出书面的评价意见（质性评估）。评分与评价结果将在听课后反馈给授课教师，以便授课教师发现问题、及时改进。评价结果将记入教师的“个人档案袋”，作为教师考评、晋级的重要依据。

目前，张校长对于这套信息化“教学评估系统”非常满意，认为它很好地配合了自己的教学管理意图。

**案例 2**

### 李校长学校的信息化教学评估系统

李校长是一所普通中学的校长，这所学校的教学质量处于全市的中游水平，年轻教师居多。上任以来，李校长就将提高教学质量和学校排名作为自己的头等大事。李校长认为，要想提高教学质量，关键还是要抓课堂。学校里年轻教师多，教学经验不足，虽然在课改中有创新的想法与热情，但在落实时，却经常有不稳定的发挥；而老教师呢，虽然教学经验丰富，可是对于创新教学有一定的抵触情绪，特别是看到年轻教师的课虽然上得花样翻新，但“考试成绩”也不过如此，他们就更缺少了创新的动力。如何通过教学评估来促进教师们的相互学习、使教师们尽快跨越自己所处的专业发展阶段呢？这件事可真让李校长绞尽了脑汁。

李校长在参观过邻校的信息化“评课系统”后，非常受启发，这个“评课系统”是邻校自行开发的，它的最大好处就是可以有针对性地、分门别类地收集和记录授课与听课信息，减少教师们的事务性操作。经过领导班子的充分论证后，李校长决定引入这套系统，在将自己的改进意见与邻校校长沟通后，邻校校长无偿将自己的系统交给了李校长，要求只有一个，改进后的系统两校共享。

李校长聘请高校里的一名“教学评估”专家，与学校里的三名业务骨干组成“科研小组”，在这个系统的雏形上对它进行了全面改造。首先，“科研小组”确定了“教师自主确定评估要点”，“评课者根据评估要点进行评价”的基本思路。接下来，“科研小组”确定简单的、明确的评估指标，这些评估指标针对不同的评估要求，例如，有的是评价交流互动，有的是评价知识讲解，有的是评价情境创设，等等。“科研小组”将评估指标群发给全校教师，请全校教师讨论并提出修改意见。由于这些评估指标直接涉及自己将如何被评价，教师们真是动了很多脑筋，提出了自己的意见。李校长等也将自己的评估理念与流程和“科研小组”进行了多次交流，最后形成了这个“评课系统”。

评课要求与流程是这样的：

(1) 每个教师在每学期都要主动申请要求他人来听三堂课，每次申请时，均要提前两周在“评课系统”中自建“课名”，提交自己的“教学设计”，以及时间、地点等基本信息。并且，在多个评价指标自选几个，作为这堂课的“评价要点”，也就是要求评课者关注自己在这几个要点上的“设计”与“实施”。如，有的老师觉得自己这堂课的“情境创设”是亮点，则可以将这个指标选上。

(2) 每个教师每学期均要主动去听六堂课，其中有两堂课必须是自己学科的。教师每天都可以登录“评课系统”，看看有哪些教师要求“听课”，只要听课的名额未满，就可以加入“听课”行列。

(3) 教师听课后，可以即时交流，也可以在晚些时间将自己的听课意见输入到“评课系统”中。评价时，将对主讲教师自选的几个评价指标按“很好、好、一般、差”进行等级评价。同时，还跟随一个“三明治”评价，所谓“三明治”评价，就是先要说出好在哪里，不好在哪里，还要提出改进的意见。

（4）主讲教师在浏览了所有人的评课意见后，可以写出自己的感受，以及下一步的目标。

（5）所有记录可以被系统归类存放，可以随时查看某位老师的教学设计、听课记录、课后感想等。

有了这样一套系统，教师的听课、评课与说课针对性更强了，写教学反思也不再“痛苦”了。数据的调用和分析也方便了很多。

## 思考练习

➢ 请对比研究上面的两个案例，分析两个校长的评价理念是怎样的？信息技术又从哪些方面支持了他们的理念？你从中受到哪些启发？

________________________________________

________________________________________

拓展任务：在了解了发展性教师评价的若干方法之后，你是不是对教师评价有了更深刻的认识呢？建议你从学校发展的全局出发，重新思考本校教师评价体系（可参考但不必拘泥于“本校教师评价情况表”）及改进计划。

### 活动3　关注信息技术支持下的教师专业发展

**说明：**信息技术已经融入我们生活的方方面面，它在教育中也有着不可或缺的作用。电子邮件、教育云平台、网络直播、论坛、微信公众号、博客等信息化的工具及手段已经与教师的教学工作紧密结合起来。在本活动中，你将全面了解信息技术在教师专业发展中所发挥的作用。

**第一步：案例研读“教师的一天”**[①]

**案 例**

**这是上海市浦东某小学数学老师张老师一天的生活实录。**

AM 6:30　起床

每天的备课、上课、批改作业等一系列工作占据了我大部分的时间。到了办公室以后，就开始浏览学校的门户网站，查看校内新闻，通过浦东教育云平台收发邮件。

AM 8:30　上数学课

授课结束后，就准备下午的数学公开课，数学教研组的教师们通过教育云平台对教案中的一些模糊设计进行反复的调整与优化，并将最终教案上传至浦东教育云平台。

PM 1:30　上公开课

现场有很多的领导、老师前来观摩，与此同时，这节课也通过教育云平台进行了网络同步直播。课后通过教育云平台进行网络评课，与远程观看的教师对课程的设计及教案进行了深入的交流。

另外，教育云平台上的篮球俱乐部在我们学校组织了一场篮球比赛，吸引了很多老师的参与，有老师记录与分享了球赛的精彩瞬间。

PM 5:30　下班后

回到家中发博客，写反思，总结公开课的感受，每天写总结已经成了我的习惯，我还把今天公开课的教案共享在教育云资源中心，希望我们数学教研组老师们的结晶能够对其他老师有所帮助和启发。

通过以上案例，我们发现借用信息技术手段，可以实现跨校、跨时空的教研活动；实现教学资源的共享与交流；教师建立个人成长档案，发布教学反思；便捷地组织体育活动等。

① 谢忠新．信息技术支持下的教师专业发展活动[EB/OL]．2016-6-7．

## 思考练习

➢ 上述案例中涉及了哪些技术，结合上述案例及你个人的理解，你认为这些技术在教师专业发展过程中发挥着怎样的作用？

________________________________________

________________________________________

________________________________________

➢ 你认为还有哪些信息技术（包括资源、平台或工具等）能够支持教师专业发展？请举例说明。

________________________________________

________________________________________

________________________________________

**第二步：了解支持校本研修的公共服务平台和应用软件**

校本研修成功的关键，不仅需要立足于真实的教育情境，更重要的是要有好的组织策略。而信息技术手段可使校本研修的组织更加便捷有效。以下就立足于学校发展现状，为大家介绍一些简单、实用、易操作且可达到相同效果的公共服务平台或社会性软件来代替第一步案例中的一些需要自主开发或维护的平台（如：教育云平台等）。

表 4－10　公共服务平台推荐

| 情境 | 工具 | 特　点 |
| --- | --- | --- |
| 活动发布 | 微信公众号 | 信息一对多传达 |
| 问题答疑 | QQ 群、微信群 | 即时回复，利于深入探讨 |
| | BBS | 讨论更具针对性，但不够及时 |
| 线上直播 | YY 语音 | 进行视频直播且可进行同步聊天 |
| 移动学习 | 学习通 | 可以在手机端实现直播、签到、讨论等多种有组织的移动学习活动 |
| 资源共享 | 云盘 | 要比电脑硬盘存储方便，且可多人访问 |
| 经验传授 | 手机录音、录像 | 将经验凝炼，录成音频或视频传至 QQ 群、微信群、云盘等可进行共享的平台 |
| 教学反思 | 博客 | 记录自己的专业发展过程，且可共享 |

由上可发现，第一步案例中利用教育云平台实现的跨校、跨时空的教研活动主要涉及线上直播、资源共享和问题答疑，所以可以完全用 YY 语音、云盘和微信群等来代替，而学习通等 APP 更可以系统地实现多种移动学习活动。所以在实践过程中，我们要注意利用公共服务平台及社会性软件来优化教学研修过程。

**第三步：体验“学习通”APP 的功能**

“学习通”是由超星公司开发的免费 APP，它依托于移动互联网技术，有很多类似于“微信”的功能，但由于它后台有海量的资源，同时又为在线学习提供了很多专用的功能，所以比“微信”更能够支持教师的学习，是学校管理者促进校园管理信息化、帮助教师发展的利器。它的功能非常丰富，这里主要介绍可以应用于学校教师专业发展的一些功能。

1. 组织教师学习

学校管理者可利用“学习通”的海量资源数据和便携的移动社交平台，打造一个无缝的教师学习生态。

(1) 移动的学习共同体：基于内容的社交是学习通的鲜明特色，学校可选择特定的主题，基于主题建立小组，并在小组中添加阅读资源，教师加入小组之后可就主题资源进行阅读，和小组成员传播知识交流观点，真正实现快速的信息传播和共享交流。教师们可以在小组里进行小组话题、小组详情的查看，还可以发布新话题，评论点赞跟帖，实现小组互动。

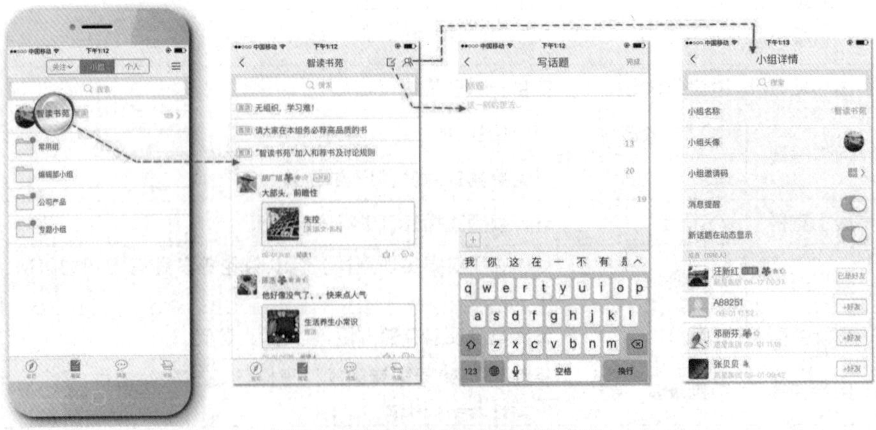


图 4-1 “学习通”中的小组讨论功能

2. 海量资源支撑的自主学习

“学习通”的“移动图书馆”内容包括图书、期刊、报纸、讲座、视频、课程、有声资源、在线书城等海量文献资源，教师可在移动应用上获得良好的自适应阅读体验。阅读过程中，教师可利用“笔记”功能记录所思所想，分享交流。

(1) 以栏目为单位，采用先进的流媒体格式，对期刊进行展示。

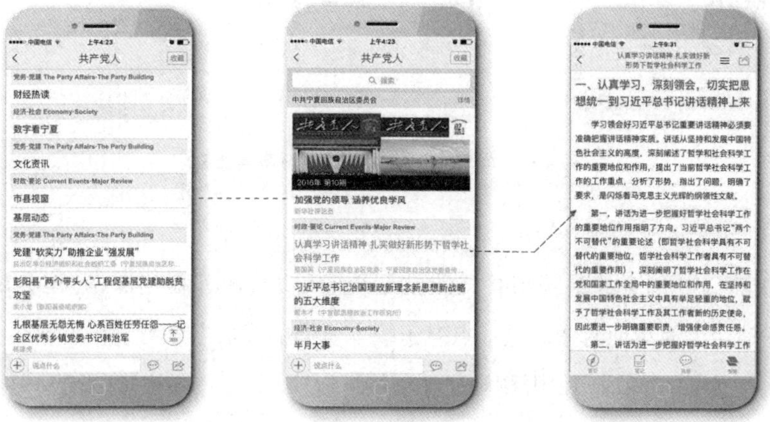


图 4-2 “学习通”中的期刊浏览界面

(2) 支持评论、点赞和转发，达到编读互动，促进学术传播。

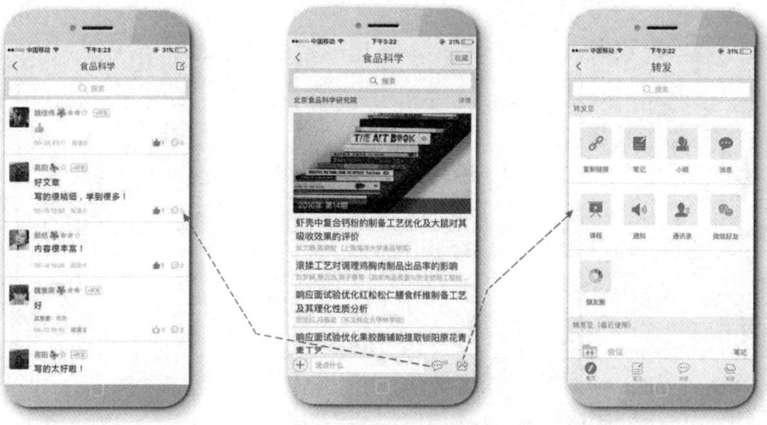


图 4-3 “学习通”中的推荐文章评价互动界面

以笔记组成的“朋友圈”，可随时分享和交流阅读心得。

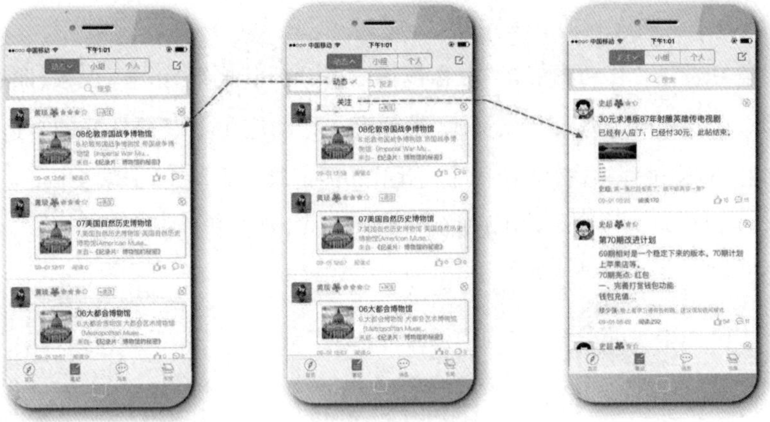

图 4-4 “学习通”中的“朋友圈”分享与交流

3. 组织远程会议、研讨

“学习通”的直播系统与智慧课堂系统的结合，让远程授课、远程会议、研讨、互动变得简单而有效。这一点对于校本研修的开展非常有益。

（1）发群聊和通知。群聊和通知功能可以实现一对多的信息发送，实现“以点控面”，第一时间通知到参会人员，推送相关信息、会议资料。

（2）直播系统与智慧课堂系统。利用直播与智慧课堂的签到、讨论、问卷、云盘等功能，实现实时交流互动、资源分享，让会议、研讨变得更加及时、深入。

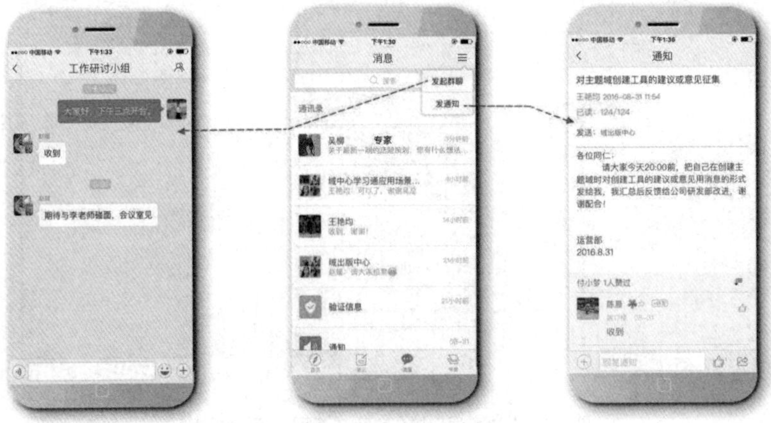

图 4-5 “学习通”中的发起群聊

如图 4-6 所示，主讲教师先是发出了授课用的演示文稿、讲义等，然后发起

"直播",远端的学习者就可以远程进行学习了。主讲教中以发起"签到"、"抢答"等功能,有效管控"同时异地"的课堂。

图 4-6 "学习通"中开展直播

"学习通"里,直播几乎无处不在,笔记、群聊或单聊、小组话题,各模块均可以发起直播,直播还可转发至微信、QQ 等社交平台。

图 4-7 "学习通"中无处不在的"直播"

## 思考练习

➢ 目前你所在的学校的校本研修活动是如何组织与开展的?通过本活动

的学习,你是否得到了一些启发可用来改善你所在学校的校本研修活动?

### 第三步　关注信息技术支持下的听课与评课

**思考讨论**

➢ 目前你的学校的听课、评课是如何进行的?它的优缺点是什么?

听课、评课是校本研修的一种常见方式,主要的目的是帮助教师提高教学设计和组织水平,提高课堂教学实效。随着手机等移动终端的普及,现在越来越多的学校正在利用移动终端开展教学,例如教师利用电子书包开展移动教学,从而改变学生的学习方式。那么我们能不能把移动终端运用于校本研修中的教师听课、评课中,来改变教师的听课、评课方式呢?下面就为大家介绍基于移动终端教师的听课与评课。

**案　例**

#### 基于移动终端的教师听课与评课

表 4 - 11　基于移动终端的教师听课与评课

<table>
<tr><th rowspan="2">时间点</th><th colspan="3">具体内容</th></tr>
<tr><th>上课教师</th><th>听课教师</th><th>学科专家</th></tr>
<tr><td>课前</td><td>撰写完整、详细的教学设计(包括单元知识的逻辑结构、学生认知起点、课堂教学环节、教学资源等)并发布于平台上</td><td colspan="2">登录系统平台,浏览上课教师发布在平台的完整教学设计,在此基础上开展教学设计评价</td></tr>
</table>

续　表

<table>
<tr><th rowspan="2">时间点</th><th colspan="3">具体内容</th></tr>
<tr><th>上课教师</th><th>听课教师</th><th>学科专家</th></tr>
<tr><td>课中</td><td>开展教学实践</td><td>① 手持移动终端，依据学科教学观测点开展精细化的课堂教学观察与评价（侧重课堂教学分项精细评价）。<br>② 在课堂教学结束阶段对学生在课堂中的表现进行评价</td><td>① 手持移动终端，对整堂课的情况做出定性的主观判断（侧重课堂教学的整体性评价）。<br>② 在课堂教学结束阶段对学生在课堂中的表现进行评价</td></tr>
<tr><td colspan="4">借助信息化平台实现对多位听课教师课前、课中、课后的观察与评价的数据进行汇总，以雷达图形式呈现出本节课的整体情况，也可以查看具体分项指标的详细观察结果<br>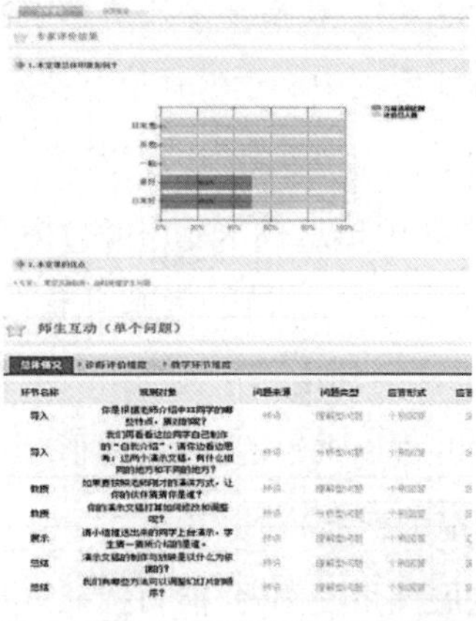 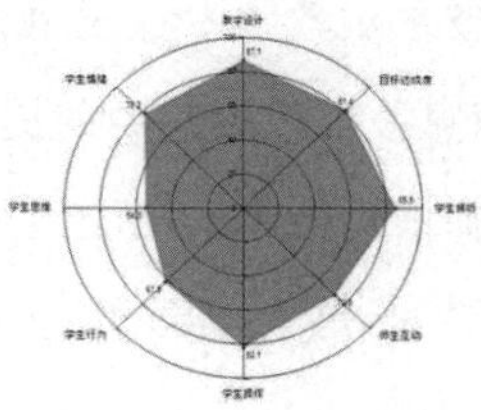</td></tr>
<tr><td>课后</td><td>① 随时、反复查看听课教师与学科专家对自己课堂的评价。<br>② 根据自动汇总的数据结果开展自我反思</td><td colspan="2">依据平台汇总的结果，有针对性地开展基于“证据”分析的评课活动，并将听课意见及时地发布在平台上</td></tr>
</table>

由以上基于移动终端的教师听课与评课案例，我们发现，基于移动终端的教师听课与评课仍然立足于课堂教学全过程（课前、中、后），基于证据对整个教学过程进行观察与评价，借助信息化平台将最后的评价结果进行自动汇总，通过汇总后的数据发现问题并进行反思。

在整个基于移动终端的教师听课评课过程中，应该强调的是：评价是基于“证据”的价值判断，而不是基于听课、评课者个人教学经验的价值判断。

思考练习

➢ 结合以上案例，总结一下听课教师与学科专家的评价应该基于哪些证据？(可从评价维度上解释，也可结合学科从不同的教学环节入手)

______________________________

______________________________

______________________________

### 活动 4　聚焦教师信息技术应用能力的提升

**说明**：通过前三个活动的学习，我们了解了发展性教师评价的理念及方法，并了解了信息技术对教师专业发展的支持作用。在接下来的活动中，我们将重点聚焦教师信息技术应用能力的提升，理解我国中小学教师信息技术应用能力标准，明确教师信息技术应用能力发展的目标和学校努力的方向。

2014 年 5 月 27 日，教育部颁布了《中小学教师信息技术应用能力标准(试行)》(以下简称《能力标准》)。该标准对全国中小学(幼儿园)教师具有长期的专项指导意义。在本活动中，我们将共同学习《能力标准》，从标准出台的背景、标准的结构和特点、标准中的不同教学情境等几方面来解读《能力标准》。

**第一步：了解标准出台的背景——认识《能力标准》**

本环节将从国际、国内、教师自身、培训发展等角度阐释《能力标准》出台的背景。

首先，从国际视角来看，我国的相应标准已不能适应新形势的要求。纵观国际，美国国家教师教育技术标准(National Educational Technology Standards for Teachers, NETS-T)前后经历了 1993、1997、2000、2008 四个版本，最新标准关注的是教师在数字化时代里如何提升学生有效学习的能力和如何富有成效地生活。UNESCO 也于 2011 年 11 月推出第二版 UNESCO ICT CFT (UNESCO 教师信息与通信技术能力框架)，该标准强调教师应帮助学生发展协作能力、问题解决能力和创造力。

其次，从国家层面来看，教师信息技术应用能力的培养至关重要。在信息化浪潮的席卷下，我国政府意识到了必须把教育信息化上升到国家战略的层面。国务院于2010年发布了《国家中长期教育改革和发展规划纲要(2010年—2020年)》,首次专辟“加快教育信息化进程”一章,特别指出信息技术对教育发展具有革命性影响,必须予以高度重视,要通过教育信息化整体提升教育质量。为了贯彻《纲要》的精神,教育部于2012年推出《教育信息化十年发展规划(2010年—2020年)》,全国各省市教育管理部门、各级各类教育机构也纷纷开始制定各自的教育信息化战略发展规划。在这些规划中,教师队伍建设的工作都被摆在了重要位置,教师的信息技术应用能力被认为是破解教育信息化发展瓶颈、推进基础教育课程改革和促进教师专业发展的重要软实力。

然后,从教师自身角度来看,各级各类教师的信息技术应用能力均有提升空间。随着信息技术的不断发展,它所能提供的支持已不仅仅在于提高教学效率,更需要支持学生的学习体验、知识建构和知识创新。然而,由于信息技术与学科整合的学习与实践过于薄弱,致使许多教师的信息技术应用存在着诸多问题和视野有限,比如对信息技术应用方面缺乏信心与动力、止步于通识技术、应用效果对教学目标达成度不高等。

最后,从教师培训方面来看,需要有相应的标准进行引领与规范。美国的培训专家加里·米切尔在他的《美国管理协会——培训完成手册》说到:“弄清楚你所培训的对象,比你实际的培训内容要重要得多”,从中可以看到按需施训的重要性。虽然我国的教师培训一直强调按需施训,但在具体操作时往往趋于粗放、调研缺乏科学性。从客观角度来讲,按需施训的“需”不能简单地理解为教师的感性需求,而要理解为教师的专项能力与应该达到的标准之间的距离。在培训开展前先明确标准,明确衡量教师信息技术应用专项能力的标尺,对于教师的自评自查、培训测评以及培训课程的开发与选用都起到重要的指导作用。

## 思考练习

➢ 请结合本校实际情况谈谈在信息化环境下,教师面临哪些困境和挑战。

______________________________________________

______________________________________________

______________________________________________

**第二步：理解标准的框架及适用情境——走进《能力标准》**

《能力标准》根据我国中小学校信息技术实际条件的不同、师生信息技术应用情境的差异，对教师在教育教学和专业发展中应用信息技术提出了基本要求和发展性要求。[①]

1.《能力标准》的框架和特点

表 4－12 《标准》的基本框架

| | Ⅰ. 应用信息技术优化课堂教学 | Ⅱ. 应用信息技术转变学习方式 |
|---|---|---|
| 技术素养 | | |
| 计划与准备 | | |
| 组织与管理 | | |
| 评估与诊断 | | |
| 学习与发展 | | |

根据教师教育教学工作与专业发展主线，《能力标准》将信息技术应用能力划分为上述五个维度，分别是技术素养、计划与准备、组织与管理、评估与诊断、学习与发展；以及Ⅰ和Ⅱ两个要求，“Ⅰ. 应用信息技术优化课堂教学”是面向中小学教师的基本要求；“Ⅱ. 应用信息技术转变学习方式”是面向中小学教师的发展性要求（具体标准可参照 p. 95—98 的《能力标准》全文）。这样的维度划分与不同要求体现出《能力标准》具有聚焦专项、面向应用、关注差异三大特点。

（1）聚焦专项。

在此标准中，将中小学教师的信息技术应用能力定义为“中小学教师运用信息技术改进其工作效能、促进学生学习成效与能力发展，以及支持其自身持续发展的专业能力”，将它作为“教师专业能力”子集的范域界定更加清楚。我国 2004 年颁布的《中小学教师教育技术能力标准》，已将教学系统设计等能力集纳其中。而在信息技术应用能力中，特别强调“不采用信息技术手段开展教育教学所应具备的教师专业能力不在本标准覆盖范围内”，通过能力标准帮助教师聚焦专项、重点突破的意味十分显见。

---

① 教育部.全国中小学教师信息技术应用能力标准(试行)[S],2014.5.

(2) 面向应用。

面向应用，需要标准既要考虑到教育信息化发展远景，也要考虑教育信息化的发展现状，要有适合国情的立意和价值取向。美国国家教师教育技术标准(NETS-T2008)和UNSCO的ICT-CFT2011标准框架，在信息技术应用能力方面，均有较高的目标引领。此次标准的研制则立意于充分利用信息技术优化课堂教学、转变学习方式，以支持优质、创新的课堂实践与个性、灵活的学生学习为价值取向。除了标准中的条目充分考虑到应用指向，在维度设计上，也特别关注了有助于教师应用的实践线索。

(3) 关注差异。

根据我国中小学校信息技术实际条件的不同、师生信息技术应用情境的差异，《能力标准》对中小学教师在教育教学和专业发展中应用信息技术提出了基本要求和发展性要求。其中，"I.应用信息技术优化课堂教学的能力"为基本要求，主要包括教师利用信息技术进行讲解、启发、示范、指导、评价等教学活动应具备的能力；"II.应用信息技术转变学习方式的能力"为发展性要求，主要针对教师在学生具备网络学习环境或相应设备的条件下，利用信息技术支持学生开展自主、合作探究等学习活动所应具有的能力。这种面向差异的考虑为标准的实施和执行创造了良好条件。

请思考：为什么要将中小学教师的信息技术应用能力划分为"基本要求——优化课堂教学"和"发展要求——转变学习方法"？

2.《能力标准》的适用情境

在标准中，特别值得关注的是对中小学教师的信息技术应用能力提出了基本要求和发展性要求。这种划分的前提认知是：对教师信息技术应用能力的要求要有合理性，而这种合理性必须要考虑教师所处的信息化教学环境。在我国地域差异大、软硬件配置不同的背景下，过高或过低的要求都会使标准缺乏应有的指导意义。通过分析信息化教学环境，标准研制组将我国的信息化教学环境分为四类，详见表4-13。

表 4-13　信息化教学情境分类

| 信息化教学环境 | 对 应 描 述 |
| --- | --- |
| 简易多媒体教学环境 | 主要由多媒体计算机、投影机、电视机等构成，以呈现数字教育资源为主 |
| 交互多媒体教学环境 | 主要由多媒体计算机、交互式电子白板、触控电视等构成，在支持数字教育资源呈现的同时，还能实现人机交互 |
| 网络教学环境 | 由多媒体计算机网络教室、简易或交互多媒体教学环境，以及其他学生终端构成。师生在课堂教学中能够充分利用数字教育资源、学科软件与网络教学平台开展教与学活动 |
| 移动学习环境 | 由平板电脑、笔记本电脑、智能手机等移动学习终端设备构成，师生可以获得数字教育资源、学科软件与网络教学平台的支持，从而进行不受时空限制的教与学活动 |

在简易多媒体和交互多媒体的教学环境中，由于学生们不具备网络环境或相应设备，教师应用信息技术所做的主要工作是优化课堂教学。而在学生们具备网络学习环境或相应设备的条件下，时空维度扩大，个性化体验、合作学习、探究学习的可能性大大提高，如果教师还只是应用信息技术来传递知识、提高教学效率，那则是新瓶老酒，浪费资源。这两种要求下的教学情境可以用表4-14来呈现。

表 4-14　不同教学情境对比

| 比较要素 | 教师需能够 | |
| --- | --- | --- |
| | 应用信息技术优化课堂教学 | 应用信息技术转变学习方式 |
| 主体环境 | 简易多媒体教学环境、交互多媒体教学环境 | 网络多媒体教学环境、移动教学环境 |
| 教学模式 | 授导、启发为主 | 项目学习、基于资源的学习、探究学习、基于问题的学习 |
| 应用目的 | 提高教学效率，支持集体学习 | 提高学习成效，促进合作交流、提供社会参与的渠道，支持个性化学习与合作学习 |
| 应用形式 | 利用信息技术支持讲解、启发、示范、指导、评价 | 利用信息技术支持学生开展自主、合作、探究等学习活动 |
| 学生行为 | 观看、思考、模仿、少量人机互动 | 动手操作、体验、应用、合作、交流、参与 |
| 代表技术 | 办公室软件(WPS，MS OFFICE)、通用工具、学科工具(部分)等 | 社会软件、思维工具、建模工具、教学平台、学习平台等、学科软件(部分)等 |

(1) 技术环境。

在简易多媒体教学环境和交互多媒体教学环境中，教师在信息技术应用方面所面临的挑战是自己如何用好技术资源，使教学效果得到更大的提升；而在网络多媒体教学环境和移动学习环境中，教师还需要在更为复杂、更为立体的环境中，支持学生用好技术资源。

(2) 教学模式。

在“优化课堂教学”这一基本要求中，技术的作用角色是“辅助”，即使在教师不改变自己教学结构的情况下(可以依然使用自己常用的教学方式)，如在以授导和启发为主的教学环节中，技术仍可以在很多方面对教学起到优化作用。而在学生拥有网络或数字化设备时，学生的学习方式会产生更多的可能性。教师必须要能够掌握项目学习、探究学习、基于资源和问题的学习等“以学生为中心”的典型教学模式，才能够将“每人拥有计算机”的硬件基础转化为教学创新的动力和实力。

(3) 应用目的。

在“优化课堂教学”要求中，信息技术应用的目的主要是提高教学效率，支持集体学习。其意义在于将教师在课堂上无法做到或做不好的事情，通过技术手段加以实现，充分利用信息技术在增加形象化、直观化、可视化；强化情绪表达；放大细节和增强真实感；呈现系统逻辑；加强体验与互动；形成集体记忆等方面的功能，提高教学效率。

随着学习理论研究的深入，人类学习的建构本质、社会协商本质和参与本质也越来越清晰地显现出来。信息技术在这些方面为人类的学习提供了强有力的支持。因而，当学生拥有数字化设备或网络时，信息技术的作用会得到质的放大。诸多教学实践，使我们看到信息技术在提高学习成效，促进合作交流、提供社会参与的渠道，支持个性化学习与合作学习等方面的贡献。可以说，在信息技术的支持下，学习模式的深度与广度都将得到拓展。

(4) 应用形式和学生行为。

在“优化课堂教学”情境下，教师可以利用信息技术支持讲解、启发、示范、指导和评价，学生的行为主要是观看、思考、模仿和少量人机互动。而在“转变学习方式”情境下，由于信息技术成为教师和学生研究、交流和发布的便利工具，教师则需在更为复杂的学习环境中，支持学生开展自主、合作和探究等学习活动。学生也就有机会更为主动的应用与体验，他们不仅能够在信息技术的支持下学习知识，还可以更有深度地建构知识，建构自己在社会中的角色。

（5）代表技术。

在“优化课堂教学”情境中，主要将技术作为支持资源获取、媒体制作、数据统计、作品展示等工作的效率工具，如：办公室软件、网络搜索工具、部分以展示呈现为特点的学科软件等；而在“转变学习方式”情境中，主要将技术作为支持互动、体验、交流、合作、思考、创新的效能工具，如社会性软件、思维工具、建模工具、微博、微信，还有以体验、交流、分享为特点的学科软件等，这些工具往往具有网络化、互联共享的特点。

能力标准的基本要求与发展性要求所预设的信息化环境之间存在交叉，如一些地区，学生们虽然在教学过程中无法使用电脑、移动设备，但在自己家里仍然可以应用电脑和移动设备来进行学习，在这种情况下，教育行政管理者及中小学教师都应根据发展学生能力的教学理念，尽可能地以发展性要求为努力方向，利用信息技术为学生的自主、合作、探究学习搭建更为宽广的平台。

## 思考练习

➢ 请参照表 4-13，谈谈本校教师所处的信息化教学环境。

______________________________

______________________________

______________________________

➢《能力标准》为什么要划分基本要求与发展性要求，请谈谈你的理解。

______________________________

______________________________

______________________________

**第三步：明确自己的努力方向——践行《能力标准》**

通过前面的学习，相信大家对教师信息技术应用能力标准已有了一定的理解。接下来，请仔细研读《能力标准》文本。

# 中小学教师信息技术应用能力标准(试行)

信息技术应用能力是信息化社会教师必备的专业能力。为全面提升中小学教师的信息技术应用能力,促进信息技术与教育教学深度融合,特制定《中小学教师信息技术应用能力标准(试行)》(以下简称《能力标准》)。

## 一、总则

(1)《能力标准》是规范与引领中小学教师在教育教学和专业发展中有效应用信息技术的准则,是各地开展教师信息技术应用能力培养、培训和测评等工作的基本依据。幼儿园、中等职业学校教师参照执行。

(2)《能力标准》根据我国中小学校信息技术实际条件的不同、师生信息技术应用情境的差异,对中小学教师在教育教学和专业发展中应用信息技术提出了基本要求和发展性要求。其中,“I. 应用信息技术优化课堂教学的能力”为基本要求,主要包括教师利用信息技术进行讲解、启发、示范、指导、评价等教学活动应具备的能力;“II. 应用信息技术转变学习方式的能力”为发展性要求,主要针对教师在学生具备网络学习环境或相应设备的条件下,利用信息技术支持学生开展自主、合作、探究等学习活动所应具有的能力。本标准根据教师的教育教学工作与专业发展主线,将信息技术应用能力划分为技术素养、计划与准备、组织与管理、评估与诊断、学习与发展五个维度。

## 二、基本内容

| | I. 应用信息技术优化课堂教学 | II. 应用信息技术转变学习方式 |
|---|---|---|
| 技术素养 | 1. 理解信息技术对改进课堂教学的作用,具有主动应用信息技术优化课堂教学的意识 | 1. 了解信息时代对人才培养的新要求,具有主动探索和应用信息技术变革学生学习方式的意识 |
| | 2. 了解多媒体教学环境的类型与功能,熟练操作常用设备 | 2. 掌握互联网、移动设备及其他新技术的常用操作,了解其对教育教学的支持作用 |
| | 3. 了解与教学相关的通用软件及学科软件的功能及特点,并能熟练应用 | 3. 探索并使用支持学生自主合作、探究学习的网络教学平台等技术资源 |

续　表

| | Ⅰ. 应用信息技术优化课堂教学 | Ⅱ. 应用信息技术转变学习方式 |
|---|---|---|
| | 4. 通过多种途径获取数字教育资源，掌握加工、制作和管理数字教育资源的工具与方法 | 4. 利用技术手段整合多方资源，实现学校、家庭、社会相连接，拓展学生的学习空间 |
| | 5. 具备信息道德与信息安全意识，能够以身示范 | 5. 帮助学生树立信息道德与信息安全意识，培养学生良好的行为习惯 |
| 计划与准备 | 6. 依据课程标准、学习目标、学生特征和技术条件，选择适当的教学方法，找准应用信息技术解决教学问题的契合点 | 6. 依据课程标准、学习目标、学生特征和技术条件，选择适当的教学方法，确定运用信息技术培养学生综合能力的契合点 |
| | 7. 设计有效实现学习目标的信息化教学过程 | 7. 设计有助于学生进行自主合作、探究学习的信息化教学过程与学习活动 |
| | 8. 根据教学需要，合理选择与使用技术资源 | 8. 合理选择与使用技术资源，为学生提供丰富的学习机会和个性化的学习体验 |
| | 9. 加工制作有效支持课堂教学的数字教育资源 | 9. 设计学习指导策略与方法，促进学生的合作、交流、探索、反思与创造 |
| | 10. 确保相关设备与技术资源在课堂教学环境中正常使用 | 10. 确保学生便捷、安全地访问网络和利用资源 |
| | 11. 预见信息技术应用过程中可能出现的问题，制订应对方案 | 11. 预见学生在信息化环境中进行自主合作、探究学习中可能遇到的问题，制订应对方案 |
| 组织与管理 | 12. 利用技术支持改进教学方式，有效实施课堂教学 | 12. 利用技术支持，转变学习方式，有效开展学生自主合作、探究学习 |
| | 13. 让每个学生平等地接触技术资源，激发学生学习兴趣，保持学生学习注意力 | 13. 让学生在集体、小组和个别学习的组织形式下平等获得技术资源和参与学习活动的机会 |
| | 14. 在信息化教学过程中，观察和收集学生的课堂反馈，对教学行为进行有效调整 | 14. 有效使用技术工具收集学生学习反馈，对学习活动进行及时指导和适当干预 |
| | 15. 灵活处置课堂教学中因技术故障引发的意外状况 | 15. 灵活处理学生在信息化环境中开展学习发生的意外状况 |
| | 16. 鼓励学生参与教学过程，引导他们提升技术素养并发挥其技术优势 | 16. 鼓励学生积极探索使用新的技术资源，创造性地开展学习活动 |

续　表

| | Ⅰ. 应用信息技术优化课堂教学 | Ⅱ. 应用信息技术转变学习方式 |
| --- | --- | --- |
| 评估与诊断 | 17. 根据学习目标科学设计并实施信息化教学评价方案 | 17. 根据学习目标科学设计并实施信息化教学评价方案，并合理选取或加工利用评价工具 |
| | 18. 尝试利用技术工具收集学生学习过程信息，并能整理与分析，发现教学问题，提出针对性的改进措施 | 18. 综合利用技术手段进行学情分析，为促进学生的个性化学习提供依据 |
| | 19. 尝试利用技术工具开展测验、练习等工作，提高评价工作效率 | 19. 引导学生利用评价工具开展自评与互评，做好过程性和终结性评价 |
| | 20. 尝试建立学生学习电子档案，为学生综合素质评价提供支持 | 20. 利用技术手段持续收集学生学习过程及结果的关键信息，建立学生学习电子档案，为学生综合素质评价提供支持 |
| 学习与发展 | 21. 理解信息技术对教师专业发展的作用，具备主动应用信息技术促进自我反思与发展的意识 | |
| | 22. 利用教师网络研修社区，积极参与技术支持的专业发展活动，养成网络学习的习惯，不断提升教育教学能力 | |
| | 23. 利用信息技术与专家和同行建立并保持业务联系，依托学习共同体，促进自身专业成长 | |
| | 24. 掌握专业发展所需的技术手段和方法，提升信息化环境下的自主学习能力 | |
| | 25. 有效参与信息技术支持下的校本研修，实现学用结合 | |

## 三、实施建议

(1) 地方各级教育行政部门要将《能力标准》作为加强中小学教师队伍建设的重要依据，充分发挥《能力标准》的引领和导向作用，将信息技术应用能力提升纳入教师全员培训，开展教师信息技术应用能力测评，建立完善推动教师主动应用信息技术的机制，切实提升广大教师信息技术应用能力，为全面推动教育信息化，深化基础教育课程改革，实现教师专业自主发展奠定坚实基础。

(2) 有关高等学校和教师培训机构要将《能力标准》作为教师培训工作的重要依据，加强相关学科专业建设，完善培养培训方案，科学设置培养培训课程，创新培养培训方式，加强师资队伍和课程资源建设，开展相关研究，促进教师专业发展。

(3) 中小学要将《能力标准》作为推动教师专业发展和教师管理的重要依据。制定教师信息技术应用能力提升规划，整合利用校内外培训资源，做好校本研修，为教师提升信息技术应用能力提供有效支持。要完善教师岗位职责和考核评价制度，推动教师在教育教学和日常工作中主动应用信息技术。

(4) 中小学教师要将《能力标准》作为自身专业发展的重要依据。要主动适应信息化社会的挑战，充分利用各种学习机会，更新观念、补充知识、提升技能，不断增强信息技术应用能力。要养成良好的应用习惯，积极反思，勇于探索，将信息技术融于课堂教学、师生交流等各个环节，转变教育教学方式，促进学生有效学习和个性化发展。要善于利用信息技术，拓宽成长路径，实现专业自主发展，做终身学习的典范。

## 附录 术语表

(1) 多媒体教学环境：包括简易多媒体教学环境与交互多媒体教学环境。简易多媒体教学环境主要由多媒体计算机、投影机、电视机等构成，以呈现数字教育资源为主。交互多媒体教学环境主要由多媒体计算机、交互式电子白板、触控电视等构成，在支持数字教育资源呈现的同时还能实现人机交互。

(2) 通用软件：是指广泛应用于教育教学活动中的通用性软件，例如办公软件、即时交流软件、音视频编辑软件等。

(3) 学科软件：是指特别适用于某些学科的软件，如几何画板、在线地图、听力训练软件、虚拟实验室等。

(4) 数字教育资源：是指教学素材、多媒体课件、主题学习资源包、电子书、专题网站等各类与教育教学内容相关的数字资源统称。

(5) 信息化教学：与传统教学相对而言，泛指以信息技术支持为显著特征的教学形态。

(6) 技术资源：是通用软件、学科软件、数字教育资源和网络教学平台等资源的统称。

(7) 网络教学平台：是能够为教育教学活动开展提供支持的网络平台的统称，如网络资源平台、网络互动平台、课程管理平台、在线测评系统、在线教学与学习空间等。

(8) 移动设备：是便携式计算通信设备的统称，如笔记本电脑、平板电脑、智能手机等。

(9) 评价工具：是指开展评价所使用的各种支持工具，如试卷、调查问卷、测试量表、评价量规、观察记录表、成长记录或电子档案袋等。

(10) 教师网络研修社区：是指支持教师进行学习、交流、研讨等活动的网络平台，一般具备个人空间、教师工作坊等功能，能够建立不同类型的学习共同体，汇聚与生成研修资源，支持教师进行常态化研修。

请你参照《能力标准》，遵循教师教学工作与专业发展的主线，从划分教师信息技术应用能力的五个维度展开对本校教师的调查（利用《能力标准》的列表，请教师们进行自评就是一种很好的方法），了解本校教师信息技术应用能力现状及发展需求。

## 作业

请根据本校实际情况，进一步修改完善你的学校信息化发展方案，并将信息技术支持的教师专业发展规划纳入其中。

## 李校长的反思

对于本专题所提倡的发展性教师评价，我感触良多，这是我们要着力改变的地方。怎样才能让我们的机制设计面向教师的发展呢？反复思考后，我们决定将"信息化教学"那一部分的管理机制进行修正，即把

- 学校设计"信息技术应用于骨干教师"机制，将那些热衷于信息技术应用的教师纳入其中，并与绩效工资挂钩。

修改为：

- 学校设计"信息技术应用于骨干教师"的机制，该机制不设入门条件，而是设"承诺条件"，包括开设多少公开课、编制多少测试题、示范讲解多少次信息技术工具等，由教师们自行申请，一旦申请成功，就要完成承诺的工作。这项举措与绩效工资挂钩。

这样设计后，就将原来的终结性评价，变成了任务驱动的过程性评价。当然，我知道这样做还不够，还需要更多地设计有利于教师发展的平台和机会。于是，我们核心团队一起设计了相应的教师学习内容：包括对学校战略的学习、对“中小学教师信息技术应用能力标准”的学习、对信息化平台的学习、落实到各个学科的技术学习，以及常规的听评课制度中。

在涉及落实到各个学科的技术学习时，C机构承诺提供我校教师在线学习的资源(包括100多门的、适用于不同学科的技术学习课程)。我们将把这些资源放在“学习通”的平台上，由各个学科组自行选择学习。

表4－15　柯县一中的信息化发展规划-部分(专题4学习后)

<table>
<tr><th colspan="2">关键举措及预期成果</th></tr>
<tr><td colspan="2">教师能力发展：<br>启动时间：项目一开始</td></tr>
<tr><td>举措：<br>● 选用平台：学习通<br>● 选用资源：C机构提供的“技术改变教学”系列课程<br>● 推动机制：<br>(1) 组织学校领导和教研负责人等到相关学校、信息化平台公司去考察，统一认识。<br>(2) 在学校层面上，解析学校发展愿景，培训平台使用，学习《全国中小学教师信息技术应用能力标准》并反思。<br>(3) 每周三下午固定为集体学习时间，各个学科组根据学校的发展愿景与目标，确定自己学科组的学习内容，从“技术改变教学”系列课程中进行选学。讲求少而精，学得少一点，但要和实践、研讨等结合到一起。<br>(4) 听评课成为常态要求，要求每个教师至少要开一次课，听两次课</td><td>预期成果：<br>(1) 全校上下形成统一共识。<br>(2) 教师们的信息技术应用能力得到普遍提升。<br>(3) 形成常态化的听评课制度</td></tr>
</table>

专题五

# 提升管理效力

## 概述

学校信息化依赖于每个人的信息技术应用能力，而学校管理者的示范和引领作用十分重要，几乎是每一个有关信息化领导力的标准中，都涉及管理者本身的信息技术应用能力，管理者应能够在建设数字化学习和管理的文化方面起到示范作用。在这个专题的学习中，你将理解“要事第一”的自我管理理念，并学习利用信息技术支持有效展示、知识管理、时间管理、协同办公和家校合作，以便多方位地提升管理效力。最后，请你结合本校实际情况，进一步修订完善学校信息化发展方案，并将管理信息化的规划纳入其中。

## 专题问题

1. 高效能人士是如何管理自己的时间的？
2. 你的时间管理方式是否高效，与高效能人士相比，有哪些改进空间？
3. 你们学校在开展信息化管理方面有哪些提升的空间？

## 专题任务

◇ 学习利用信息技术支持高效展示。

◇ 反思个人在时间管理上的不足，了解高效能人士的时间管理理念。

◇ 学习如何利用信息技术提升管理效力，并实践操作。

◇ 学习信息技术支持的自我管理、协作交流、家校合作等工具及平台。

### 活动1　研习高效能人士的自我管理理念

**说明：**虽然信息技术可以在很多方面提高我们的效率，但前提是，你应用它的理念、方式、方法是正确的。在活动1中，我们先不谈技术，而是要思考一下高效能人士的管理理念是怎样的。史蒂芬·柯维(Stephen R. Covey)是一位赢得国际声望的领导才能权威和导师，他所著的《高效能人士的七个习惯》给很多管理者以启发，而“要事第一”就是其中的一条重要原则。在活动1中，你将通过练习理解“要事第一”的自我管理原则，并通过实例将这条原则与自己日常的工作相关联。

**第一步：小测试——时间都去哪了？**

有关时间管理的研究已有相当历史。犹如人类社会从农业革命演进到工业革命，再到信息社会，时间管理理论也可分为四代。

第一代理论着重利用便条与备忘录，在忙碌中调配时间与精力；第二代理念强调日历与日程表，反映出时间管理已注意到规划未来的重要性；第三代是讲求优先顺序的观念，也就是依据轻重缓急设定短、中、长期目标，再逐日制定实现目标的计划，将有限的时间、精力加以分配，争取最高的效率。这种做法有其可取之处。但也有人发现，过分强调效率，把时间绷得死死的，反而会产生反效果，使人失去增进感情、满足个人需要以及享受意外之喜的机会。于是许多人放弃这种过于死板拘束的时间管理法，回归到前两代的做法，以维护生活的品质。而第四代理论，也就是《高效能人士的七个习惯》中所倡导的，是它主张关键不在于时间管理，而在于个人管理。有效的管理就是要掌握重点，把最重要的事情放在第一位。接下来，让我们做两个练习，来理解"要事第一"的管理原则。

史蒂芬·柯维在《高效能人士的七个习惯》一书中将日常工作中的事务分为如图 5-1 所示的四类①。下面就请你对照自己近一周的工作安排，思考一下：

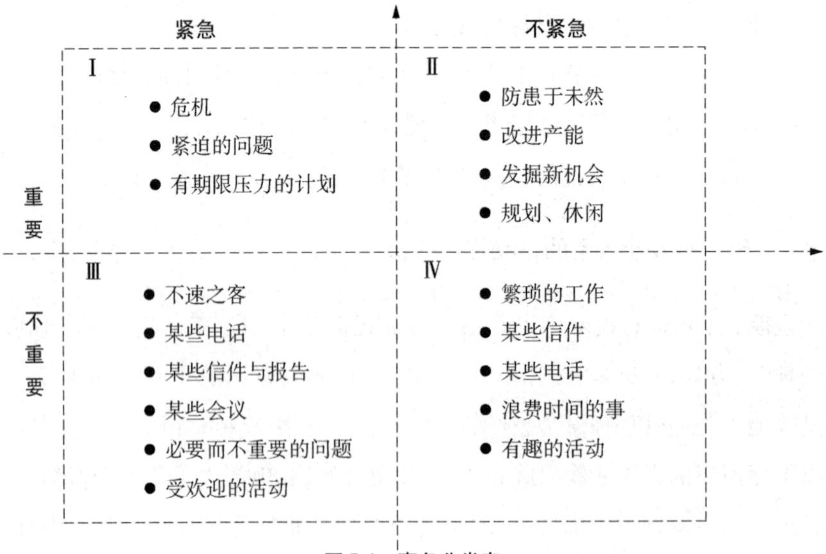


**图 5-1 事务分类表**

① 史蒂芬·柯维. 高效能人士的七个习惯(全译本)[M]. 中国青年出版社，2002：122—124.

你把大部分的时间花费在哪个象限了呢?

当然,在每个人的日常工作中,一定是各类事务都有的,关键是你的工作偏重在哪一象限。不同象限偏重的人的表现当然是不一样的,情况如图 5-2 所示。

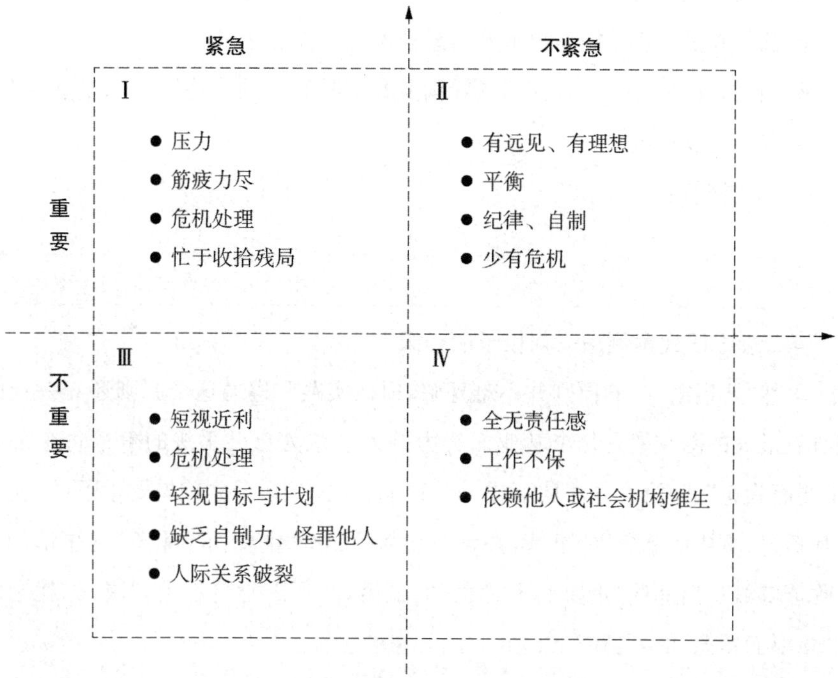


**图 5-2　偏重不同事物的人的表现**

作为一个学校的管理者,自然要努力成为高效能人士,而其管理的重要原则就是“要事第一”,是将注意力更多地放在第二类事物上,即“重要而不紧急”的事务上,这类事务包括建立人际关系、规划长期目标、防患于未然等,人人都知道这些事情重要,只因尚未迫在眉睫,反而避重就轻。事实上,如果在工作和生活中,不去重视那些“重要而不紧急”的事情,它们就会越来越严峻,最终成为“重要而紧急”的事情,不得不去面对。

要想成为高效能人士,首先就要识别在自己的工作和生活中,有哪些是第二类事务,然后就要靠自制力来掌握重点,时刻把它们放在第一位,以免被感觉、情绪或冲动所左右。

## 思考练习

➢ 在开展学校信息化建设方面，有哪些是重要而不紧急的事务？

● 甲校长的回答：走访和调研那些信息化开展卓有成效的学校。

● 乙校长的回答：提高教师的信息技术应用能力水平。

● 丙校长的回答：向教育局领导沟通和汇报我们的发展愿景和发展瓶颈，申请相应的建设资金。

● 你的回答：

______________________________________________

______________________________________________

**第二步：研究案例——刘校长的一天**①

虽然“要事第一”的原则并不难理解，但在实践中遵循这个原则还有一定的困难。最大的困难就是每个敬业而努力的人会认为自己手头的事情每个都是“重要而紧急”的，没有办法放下或另寻其他方法。为此，你首先要学习的，就是如何透过“重要而紧急”的事情，去看到它背后那些“重要而不紧急”的事情。一旦你能够辨识出那些“重要而不紧急”的事情，并下决心着手去解决，你就会发现“重要而紧急”的事情越来越少了。

请你浏览下面这个案例，它描述的正是一个校长忙碌的一天。

刘校长是一所中学的校长，开学已经两周了。现在是周一早晨8点，刘校长浏览了一天所要做的事情后，估计每项工作所需时间约为：

公事：

(1) 浏览校办送来的一堆通知、文件和广告函件，当然还包括浏览自己的Email，不知为什么每天都会收到那么多封信件，有来自家长的，也有来自其他学校的，还有很多广告。(1小时)

(2) 9点钟约好家长来商谈校园事故的善后处理问题。(1小时)

(3) 10点钟，有一个教研组长会议，要落实课程标准问题，教导主任说了，

① 选自英特尔未来教育领导力论坛：学校教学评价与领导力发展(2008)，案例及案例参考答案的编写者：闫寒冰。本案例所遵循的理念与行事原则来自《高效能人士的七个习惯》。

此事关系重大，刘校长最好“亲临指导”。(2小时)

(4) 在学校食堂午餐。(1小时)

(5) 下午，教育局计财处领导要来现场办公，就学校多媒体教室与校园网在建项目的费用发生情况作核定，可能会拍板是否增拨款项，分管后勤的副校长一再说，校长不参加会给上级留下不好的印象，如果影响了经费，后果严重。而且，这位副校长还建议，为了汇报得详细些，是否校长与他一起到两个在建工地察看一下，以取得第一手资料。刘校长之所以允诺出席还有另外的原因，计算机教师反映，他发现在电脑教室上课时，后排角落里两位男同学“擅自浏览内容不良的网站”，他迫切希望能追加经费，给校园网安装安全过滤软件。当然同时必须要做的是开始制定教师与学生机房使用行为手册，这比安装软件还要复杂一些。(2小时)

(6) 浏览校办报上来的接待来访方案。一个外省市同行学校要来访。教育同行希望先进教室听信息化教学课，然后与学校领导和教师举行座谈。整个方案校办初步拟定了，但要刘校长过目。(半小时)

(7) 桌上堆积了多本教育教学杂志和报纸，需要阅读。刘校长特别需要获得推动学校信息化教学方展方面的新信息与新动态。(1小时)

(8) 抽时间进行课堂观察。刘校长一向认为观察课堂很重要，在技术设施部分到位并开始应用的情况下，他提出过自己每周要听4节课，后来变3节，后来又变成2节，2节该雷打不动了吧，但谁又知道会怎样？今天是否有时间可以听上一堂课呢？(1小时)

(9) 与教师谈话，他要校办每周安排他与两名教师谈话。此事已经一拖再拖，今天是否可以与一位教师谈一谈呢，据反映，该教师上课非常认真，但是教学方法有些问题。(半小时)

私事：

(1) 妻子在街道工作，也是没有上下班时间。刘校长今天应该去交水电煤等费用。(半小时)

(2) 孩子上小学四年级，数学成绩下滑，班主任电话里说，孩子上课注意力不集中。刘校长想先跟孩子的老师沟通，再同孩子谈一次。(2小时)

(3) 还有老岳丈血压这一阵不稳定，妻子一直劝刘校长去探望一趟。此事

也已拖了几天了。(4小时)

刘校长看到这些日程,不自觉地叹了一口气,就算自己有三头六臂,也难完成这些工作了。刘校长本来还计划这学期一定要抽出时间来强化自己的信息化领导力呢?刘校长望着书柜一叠教育信息化的书刊独自苦笑起来。

## 思考练习

➤ 请利用"紧急—不紧急—重要—不重要"的二维表检查案例中的刘校长今天要做的工作,将他的工作填写在相应的象限中。

| | 紧急 | 不紧急 |
|---|---|---|
| 重要 | | |
| 不重要 | | |

➤ 根据"要事第一"的原则,请你看看在刘校长那些"重要而紧急"的事情后面,有哪些"重要而不紧急"的事情,请你辨识出来,并为刘校长的时间安排提供建议。

______________________________

______________________________

______________________________

______________________________

## 参考答案

如果不能辨识出"重要而紧急"的事务背后那些"重要而不紧急"的事务(它们才是使事情变得如此紧急的原因),你可能要说:这就是我们的一天,日常工作琐碎而繁杂,我们已经尽力,没能办法提高成效……让我们仔细阅读这个案例,虽然这只是短短的一天,但已足以反映掌握时间的秘诀。

在刘校长的一天中,重要又紧急的事情非常多,似乎都要在当天全部展开。

而阅读期刊，听教师上课，与教师谈话等似乎延后一两天也无妨，但这些工作与提高教师的专业素质、了解学校教学状况等长期目标有关，虽不紧急，却很重要。如何安排才符合我们所说的"高效能人士的时间管理方法"呢？

"高效能人士的时间管理"的秘诀是"要事第一"。在领导决定了什么是重点后，再靠自制力来掌握重点，时刻把它们放在第一位。当然，对于具体事务的处理方式并非一成不变，你可以就实际状况灵活运用，这里只提供一些可行的建议。

**公事：**

(1) 浏览校办送来的一堆通知、文件和广告函件，当然还包括浏览自己的Email，不知为什么每天都会收到那么多封信件，有来自家长的，也有来自其他学校的，还有很多广告。(1小时)

**建议：**与其自己埋头于成堆的公文与信函中，不妨每天花费半小时，训练校办负责人代为处理。也许刘校长今天就应该着手建立一个新的私人信箱，将原来的信箱逐渐过渡为学校专用校长信箱。如果校办负责人没有把握如何回复，可先行整理，并附上建议或说明供你裁决。如此一来，可能大部分的文件都不必由你经手，校办或做得比你更妥帖。

(2) 9点钟约好家长来商谈校园事故的善后处理问题。(1小时)

**建议：**校长亲自出面，显示对事件的重视，并对家长做些抚慰工作是非常必要的(如半小时)。校长只要真心关心家长感受，家长应该可以感觉到这份温暖，但校长未必要参与整个善后处理工作。在这个时候，校长要思考这类事情是否属于突发事件，是否是可以避免的，是否有规范的处理方法。如果可以避免，要责成相关人员完善学校安全条例；如果对于突发事故没有相应的处理规范，则可责成相关人员根据此次处理方案，形成规范的管理文档，日后，再遇类似事件就可有条不紊地按章行事。校长需要投入此事的时间也会大量减少。其余各项工作，多半可按这种方式处理：即从"重要而紧急"的事件背后挖掘出潜在的"重要而不紧急"的事件，并努力解决之。

(3) 10点钟，有一个教研组长会议，要落实课程标准的贯彻问题，教导主任说了，此事关系重大，刘校长最好"亲临指导"。(2小时)

**建议：**学校里类似的小会很多，但往往事先没有议程，讨论后又不设立时间表，时常会而不议，议而不决。为了扭转这种现象，你不妨准备一份有关提高议事效率的报告，要求列出议程。哪怕是开会的时间有限，也要先做预告，引起在座者的兴趣。不过不论何时提出，这份报告应强调每次会议须明确目标与完整议程，以便与会者预先做准备，开会时能有所建议；此外会议记录应在会后尽快发给每位出席者，根据决议制定任务与完成时限，并且把成效列入未来会议的议程，加以检讨。要把准备这样一份报告当作当日要务，需要极大的勇气与自制力，但这是为高效管理时间所做的必要努力。

(4) 在学校食堂午餐。(1 小时)

**建议：**这是一段难得的时间，可在无拘无束的气氛下，构建上下级关系，或与主管领导讨论一些长远之计，这些都是重要而不紧迫之事。在这个案例中，我们建议此事与第(5)项工作一起来考虑和安排。

(5) 下午，教育局计财处领导要来现场办公，就学校多媒体教室与校园网的在建项目费用发生情况作核定，可能会拍板是否增拨款项，分管后勤的副校长一再说，校长不参加会给上级留下不好的印象，如果影响了经费，后果严重。而且这位副校长还建议，为了汇报得详细些，是否校长与他一起到两个在建工点察看一下，以取得第一手资料。刘校长之所以允诺出席还有另外原因，计算机教师反映，他发现在电脑教室上课时，后排角落里两位男同学“擅自浏览内容不良的网站”，他迫切希望能追加经费，给校园网安装安全过滤软件。当然同时必须要做的是开始制定教师与学生机房使用行为手册，这比安装软件还要复杂一些。(2 小时)

**建议：**副校长关心的这些事宜确实亟待解决，可以中午吃饭时与副校长共同讨论汇报的要点，看看彼此是否掌握了重点。但是有效的讨论除了解决下午要汇报的问题，还应该探讨潜藏在问题背后的长期成因。首先，你或许有必要向副校长说明，校长的首要职责是领导而非管理，不可能也不必要事必躬亲，有些问题需要副校长领队。其次，你或许要着手建立学校上级领导之间的关系。

(6) 浏览校办报上来的接待来访方案。一个外省市同行学校要来访。教育同行希望先进教室听信息化教学课，然后与学校领导和教师举行座谈。整个方案校办初步拟就了，但要刘校长过目。(半小时)

**建议：**接待来访是学校里的家常便饭。这样的事情一定要有成熟的规范。

如统一的计划模板，其中包括何种规模应如何接待，接待的流程、方案等应有基本模式。这样一来，校办报上来的方案是基于模板的，只需将重点或改动地方突出即可。校长过目时可以迅速聚焦（校办做事时其实也容易许多）。刘校长可以在浏览校办的方案时，重点向他们解释建立规范的重要性与方法，并责成他们办理。下次遇到类似事情就会简单很多。

(7) 桌上堆积了多本教育教学杂志和报纸，需要阅读。刘校长特别需要获得推动学校信息化教学方展方面的新信息与新动态。(1小时)

**建议：**此事或许并不十分急迫，但经常吸收新知，是培养专业素养与信息所不可缺少的。你可以在下次有关会议中，建议教职工制定计划，分别阅读这些报刊，并提出心得报告；或者选出重要文章及摘要，供全体传阅。

(8) 抽时间进行课堂观察。刘校长一向认为观察课堂很重要，在技术设施部分到位并开始应用的情况下，他提出过自己每周要听4节课，后来变3节，后来又变成2节，2节该雷打不动了吧，但谁又知道会怎样？今天是否有时间可以听上一堂课呢？(1小时)

**建议：**深入课堂一线了解教学情况，这是一件重要但不紧急的事情，需要特别重视。校长的安排不应视今天是否有时间，而要将其作为必要的日程安排到一周之中，这样才能有计划地、有重点地听课，而非随意之举。当然，这样做需要足够的自制力。如果今天没有时间具体听课，可以责成校办（或负责教学的副校长）为自己安排下一周的听课时间表，并要求他们每周末报送下一周的听课时间表。并可以将自己的意图与他们交流，请他们安排时要从总体上注意年级、学科、新老的合理搭配等。

(9) 与教师谈话，他要校办每周安排他与两名教师谈话。此事已经一拖再拖，今天是否可以与一位教师谈一谈呢，据反映，该教师上课非常认真，但是教学方法有些问题。(半小时)

**建议：**与教师沟通也是一件重要但不紧急的事情，需要特别重视。今天就可以实施。另外，校长在要求校办安排时，应有一定的要求，如安排不同级别的教师、不同学科的教师等。

**私事：**

(1) 妻子在街道工作，也是没有上下班时间。刘校长今天应该去交水电煤

等费用。(半小时)

**建议：**抽时间到银行办一个水、电、煤费代理手续，以后再也不用为此事耽误时间了。

(2) 孩子上小学四年级，数学成绩下滑，班主任电话里说，孩子上课注意力不集中。刘校长想先跟孩子的老师沟通，再同孩子谈一次。(2 小时)

**建议：**不要忘记家人的生活是你事业、生活中重要的组成部分，孩子的学习不可怠慢，尽可能安排时间重视家人状况。今天就可以打电话与老师预约时间。

(3) 还有老岳丈血压这一阵不稳定，妻子老劝刘校长探望一趟。此事也已拖了几天了。(4 小时)

**建议：**不要忘记家人的生活是你事业、生活中重要的组成部分，如果没有时间，也可打个电话，或许晚餐就可考虑请老岳父共进。

经由以上的安排，这一天的工作包括了授权、训练下属、建立规范、打一通电话、约谈教师、关爱家人等。如果每一天都能把握同样的原则，不久你就不会再为急事缠身，而能静下心来领导、规划了。当然，你每天遇到的情况与上述事务可能有较大的出入，但这不妨碍你认真研读这个案例，掌握"要事第一"的理念，并将它应用到自己日常所面对的事务之中。

或许有些人认为这种做法太理想化，但高效能原本就是我们追求的理想。当然，任何人都无法避免突发事件，况且纵使规划再完善，仍然可能发生意外。只不过我们可以将急务减少到不影响正事的地步，免得时时处于压力过大的状况下。压力大有损判断力与健康。坚持原则需要创新与毅力，只要努力，总有成功的一天。一旦自己办到了，还要鼓励别人跟进。

## 【拓展阅读】

### 从高效走向卓越

**说明：**下面是关于自我管理的十本畅销书籍，你可以根据自己的兴趣进行选读，相信这些书籍对你自我管理能力的提升大有裨益。

NO.1 《高效能人士的七个习惯》——(美)史蒂芬柯维著

NO. 2 《自我管理七日修炼》——成刚著

NO. 3 《成功自我管理的 29 个工具》——范爱明编著

NO. 4 《卓有成效的管理者》——(美)德鲁克(Drucker, P. F.)著

NO. 5 《番茄工作法图解：简单易行的时间管理方法》——(瑞典)Staffan N · teberg 著

NO. 6 《一页纸项目管理》——(美)克拉克 · A · .坎贝尔著

NO. 7 《你的时间有限,不要为别人而活》——(日)熊谷正寿著

NO. 8 《抗压力：逆境重生法则》——(日)久世浩司著

NO. 9 《不懂说话,你怎么带团队?》——(日)吉田幸弘著

NO. 10 《关键对话：如何高效能沟通》——(美)帕特森等著

### 活动 2 应用信息技术支持高效展示

**说明**：在理解了“要事第一”的自我管理理念后,可以尝试着利用信息技术来提高具体事务管理的效率。在这一活动中,首先要学习如何利用演示文稿来提高展示表达的成效。

对于很多教师而言,演示文稿都是最熟悉不过的展示表达工具了。但如何才能高效地制作演示文稿,使之有效支持自己的表达呢?在这一步中,没有逐一讲解演示文稿的制作技术,主要围绕如何提高展示表达成效来介绍相关的功能或原则。

所有的多媒体项目,都需要仔细地规划和准备。在演示文稿中,大纲视图就是来帮助大家做规划的。在创建演示文稿时要注意从大纲视图着手,这是一种科学的创建方法,将有助于你将注意力集中在演示文稿的内容上。至于其他润色效果,请在后期完善时再予以考虑。请注意：使用各种效果的目的是为了增强内容的表达力与解释力,形式只是为内容服务的。

● 演示文稿中大纲的使用：启动 PowerPoint 2010,如图 5-3 所示,将界面切换到“普通视图”中的“大纲”界面,如图 5-3 所示。

(1) 在“大纲”界面中,开始输入演示文稿内容。

(2) 输入的内容会自动作为新幻灯片的标题,回车后,会自动生成一张新的幻灯片。

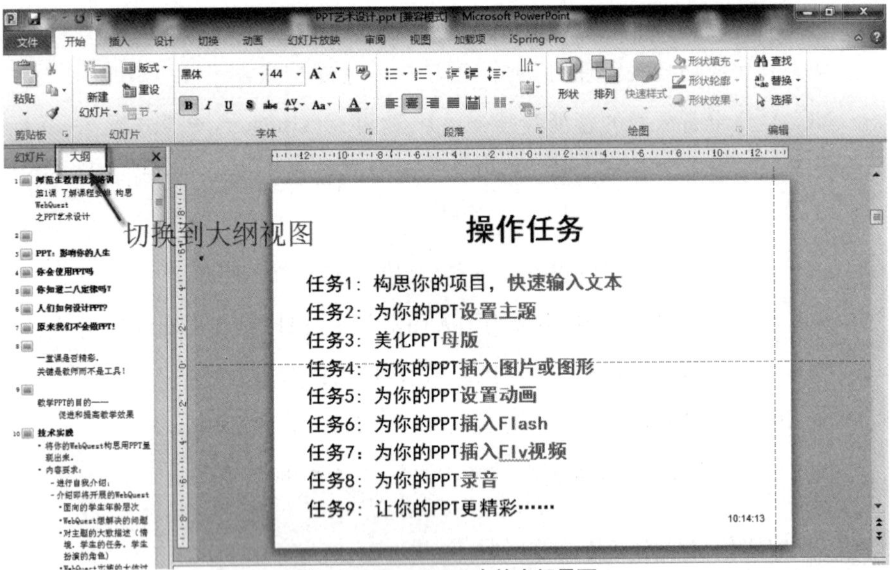


图 5-3　PowerPoint 中的大纲界面

(3) 如果想在幻灯片标题下输入内容而不是新建幻灯片，单击降级(或 Tab) 。

(4) 添加适当的文本。每次按回车键，都会创建一个新的项目符号。

(5) 当输入最后一个条目后，按回车键，然后单击升级(或 Shift+Tab)来添加一张新的幻灯片。

(6) 如此反复，可以完成演示文稿内容的输入。

用这种方法，制作演示文稿方便快捷，而且确保你将注意力放在内容而非形式上。在编辑、完善演示文稿的内容后，你可以考虑增加一些特殊效果。但要注意每项效果的作用都应该是增强内容的表现，过多的声音和图片反而会妨碍演示文稿想要达到的目的。

● 为 PPT 设置主题样式：单击“设计”菜单，在主题功能区选择相应的主题样式模板，还可以通过调整颜色、字体和效果，使模板的设置更符合你的要求。

● 为 PPT 设置母版：单击“视图”菜单，可以通过“幻灯片母版”设置不同幻灯片样式的布局和字体格式，形成不同的版式。

● 设置个别文字的字体、颜色、字号等：选择要改变的文字。使用“开始”菜单中的“字体”选项来改变文字的格式。

● 插入图像：单击“插入”菜单，通过点击图像功能区中的图片、剪贴画、屏幕截图或相册按钮，会得到相应的弹出窗口或对话框，根据这些窗口和对话框的提示，完成相应操作。

● 在幻灯片上绘制图形：单击“插入”菜单，通过点击插图功能区的“形状”或“SmartArt”，可以绘制图形。在2007版及以上版本的Office软件中，SmartArt的功能非常强大，可以画出多种类型的逻辑图形。

● 自定义动画：你可以在每张幻灯片上都加入有趣的动画。显示你要加入动画的幻灯片，通过“动画”菜单可以自定义动画的效果。

● 录制幻灯片演示：你可能希望在幻灯放映时能加入解说词，或者也希望同时录制动画和激光笔。单击“幻灯片放映”菜单，单击“录制幻灯片演示”按钮。按弹出的对话框进行选择和操作。

**注：**为了录制解说词，计算机必须配有声卡和麦克风。

● 排练计时：为了让幻灯片定时播放，单击“幻灯片放映”菜单，单击“排练计时”。把演示文稿按照你认可的时间从头至尾地播放一次，即可将每张幻灯片的播放时间记录下来。你能在幻灯片浏览视图中看到每张幻灯片的定时时间。

请特别关注为演示文稿配制声音的功能，这样你的演示文稿可以发布在网上，供全校的教师、临时有事未能来开会的教师再次学习。

对于校长而言，演示文稿可以支持学校战略的宣传、重要教学理念的解读，因此不能小觑演示文稿的作用。下面的四大攻略将会让你获得努力的方向。

**攻略1：少即是多**

演示文稿的软件名称为PowerPoint，翻译过来就是“要点”的意思。它的应用目的不是为了让人阅读，而是提示要点。因此在演示文稿中，不仅画面要简洁，更重要的是文本内容要凝炼。可以遵循以下几个原则：

● 每一张幻灯片突出一个主题。

● 幻灯片上只写发言要点，不要把PPT当成Word文件。

● 应该尽量字少图多，详细的内容可以写在“备注”框里面，或者另外使用Word文稿提供辅助学习的讲义和阅读资料。

● 用好“备注”栏，如果你希望为听众提供更多的文字资料，可以将有关的文字资料放在PPT的备注中，一方面可以作为发言者讲话的提示，另一方面可以作为阅读材料提供给听众学习。

● 幻灯片上面的字体要大。

● 字体和屏幕背景的色彩要对比反差鲜明，如：白底黑字、蓝底白字，你可以留意一下高速公路上的路标是如何让汽车驾驶员在远处也能够看清楚标牌上面的文字的。

● 每一页幻灯片上面的文字最好不要超过5行。

**攻略2：逻辑清晰**

演示文稿的逻辑非常重要，它其实也反映了演讲者的逻辑是否清晰，应遵循以下几个原则：

● 采用"大纲"模式从全局角度来设计演示文稿的内容，报告、讲座与教学都要有清晰、简明的逻辑主线。

● 整套幻灯片的格式应该一致，包括颜色、字体、背景等。要清晰地表达出讲话论点的层次性，通过演示文稿每页不同层次的"标题"（包括字体逐层变小、逐层缩进；同级的字体和大小、颜色一致），让观众一目了然整个演示文稿的逻辑关系，但最好不要超过3层纵深。

● 注意设计好开头和结尾的幻灯片，因为人们对一场报告的开头和结尾记忆最深，开头要设计醒目的标题和署名，告诉听众你是谁，你准备讲什么内容；每个章节之间插入一张转场幻灯片过渡，给听众一个段落感；结束时最好有一张结论性的幻灯片，让听众回顾总结报告的主要精髓，也是你希望他们离开时能记住的信息，最后一张幻灯片要有演讲者或制作单位的署名和联系方法，给听众留下一个完整的印象。

● 幻灯片演示最好是顺序播放，切忌幻灯片来回切换，使讲演者自己和听众都容易陷入混乱。

**攻略3：可视化思维与表达**

从内容表现的角度来讲，动画、图形、图片等润色技术可以增强内容的解释力，显示某种节奏，甚至可以展示演示者思维的过程。可以考虑以下方法：

● 图片的艺术设计与创感，众多演讲者的实践经验表明，在演示文稿中，用图片来辅助演讲能够达到比单纯文字更好的沟通效果，也能够产生更大的视觉冲击力，因为没有一个观众能够记住你在演示文稿上面的那些数据及文字。你可以选择那些动人的照片、漫画、风光，最好能够配合主题准备一些特写照片，配上简练的文字，可以达到极佳的视觉效果。

● 将讲解的要点，采用可视化的图形表达，将主要的文字段落抽象归纳出关键词，使用关键词标注可视化图形；Office2007 及以上版本的 PPT 中的 SmartArt 工具可以设计出令人眼睛一亮的立体彩色示意图形。

● 演示文稿的可视化表达还可以采用简笔画、图形组织法、概念图、示意图、照片等方法，也可以借助可视化思维工具软件设计幻灯片，如：Inspiration、MindManager 等。

### 活动 3　应用信息技术支持自我管理

**说明**：在理解了"要事第一"的自我管理理念后，可以尝试着利用信息技术来提高具体事务管理的效率。在这一活动中，你将学习和练习两种支持自我管理的小软件，分别是支持知识管理的工具"有道云笔记"和支持时间管理的工具"日程表"。

**第一步：知识管理工具——有道云笔记**

在信息技术飞速发展的 21 世纪，知识管理作为一种能力扮演着越来越重要的角色，其不仅是一种习惯、一门学科，更是一种哲学、一种文化、一种智慧。高效的知识管理技能，是个人学习能力、管理能力、竞争力强有力的体现。身处信息化时代，信息技术为知识管理的实现提供了便捷的技术支持，关于知识管理的小工具有很多，下面我们重点来学习一下"有道云笔记"的常用操作和主要功能。

"有道云笔记"是一款免费的信息管理应用软件，可以自动同步笔记到云端和各类设备，能在电脑、手机、网页、平板上使用，支持桌面版、网页版、iPhone 版、Android 版、iPad 版、手机网页版这几种形式，支持多种内容形式的存储和附件格式。

"有道云笔记"的重要功能主要有：

(1) 轻松管理笔记。可以在该软件上新建笔记，并且可以对新建的笔记进行编辑。通过对笔记进行分类，添加标签，实现高效管理笔记。Windows 客户端支持笔记本自由拖动排序，而且 iPhone 客户端支持笔记置顶。

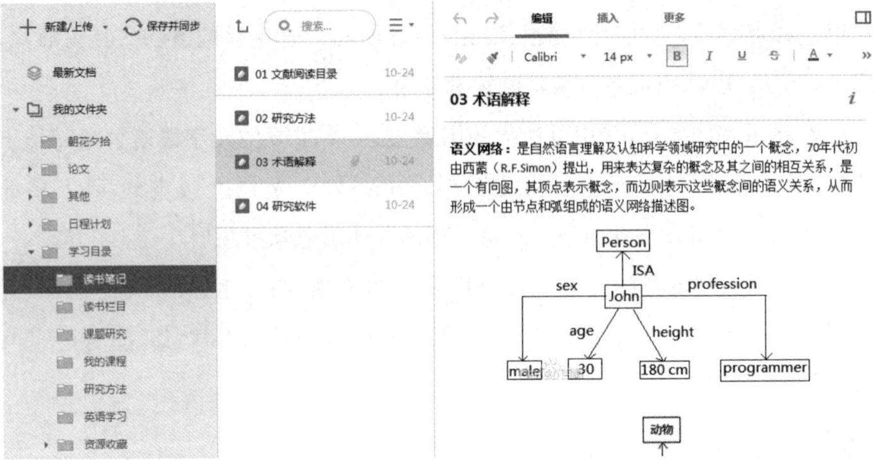


图 5-4 在“有道云笔记”中管理笔记

（2）分享笔记。可以将笔记生成分享链接，然后将该链接分享给别人。也可以直接点击分享，就可以将笔记分享到微博、微信和 QQ 好友。而且可以直接分享给用网易通行证注册的笔记账号，通过邮件分享给他人。

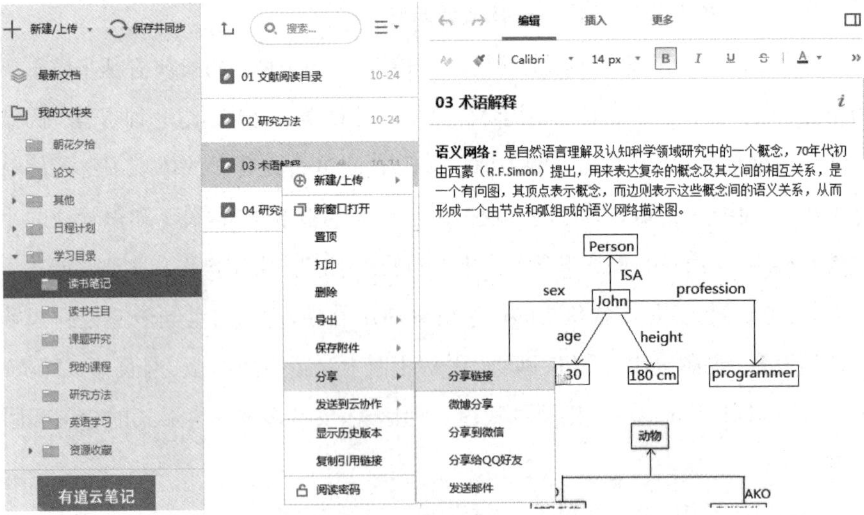


图 5-5 在“有道云笔记”中分享笔记

（3）同步笔记。有道云笔记桌面版能及时地将用户的笔记同步到云端，无需拷贝下载，这是很方便和高效的。如用户有急事需要立即同步，也可通过点击界面上方的同步按钮得到更快的同步体验。当右下角出现“同步成功”提示时，用户的笔记已经安全保存。

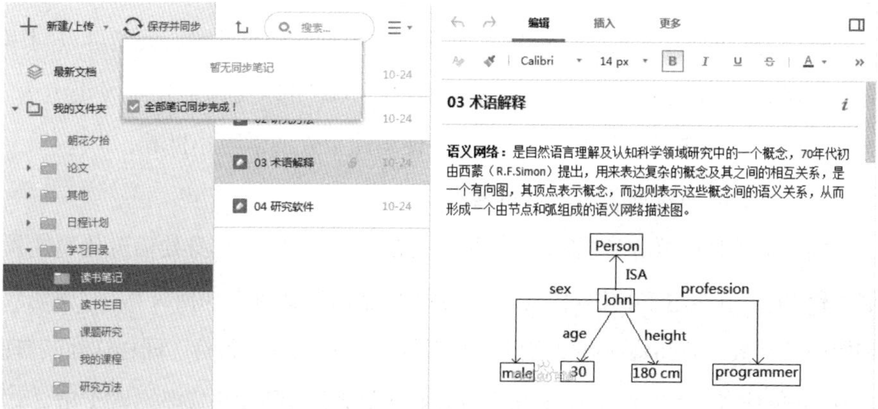


图 5-6 在“有道云笔记”中同步笔记

(4) 搜索功能。有道云笔记支持搜索功能，方便你在众多信息中迅速定位想要的笔记。在搜索框中输入关键词，并下拉选择搜索范围后，笔记标题或正文中包含该关键词的笔记将被选出，关键词同时被高亮显示。

图 5-7 在有道云笔记中进行搜索

(5) 截图功能。该软件支持截图，方便我们捕捉图片。可以通过按钮操作，也可以使用快捷键“Ctrl+Shift+PrintScreen”实现截图功能。

(6) 云协作功能。该功能主要提供团队协作服务，目前是完全免费的。在有道云协作中，用户可以建立群组，与团队成员共同管理资料、协同编辑和实时沟通。每个用户可以新建 5 个群，对于加入群没有数量限制。每个群有 5G 的容量，成员上限为 20 人，上传到群的单个文件上限为 500MB。存储在云协作中的内容会进行三重备份，备份在三台不同的服务器上，而且对数据采用安全的存储方式，以确保信息安全。

通过前面的学习，相信你对“有道云笔记”有了一定的了解。我们可以利用它来创建、编辑笔记，也可以将笔记共享给别人，还可以用来创建学习小组等。这些功能极好地满足了学习者的需求，方便构建个人的学习小世界。

**第二步：时间管理工具——日程表**

同知识管理一样，时间管理同样是一门艺术、一种能力。身处信息化高速发展时代，生活节奏越来越快，作为学校的管理者更是要懂得如何灵活、合理地规划时间。高效的时间管理可以帮助我们高效率的实现既定目标。同样，时间管理也有一定的技巧、方法和工具，下面我们就来重点学习几种时间管理的 APP 吧。

1. *“爱今天”*

“爱今天”是一款以 1 万小时理论为基础的时间管理应用，用来记录你花费在目标上的时间，通过区分投资时间、固定时间、睡眠时间以及浪费时间，来管理你每一天的具体时间，让你知道时间都去哪儿了，有助于提高效率。

名词说明：投资时间——对目标产生实际帮助的时间，如：处理公务花费一小时；固定时间——对目标无帮助又必须做的事情所花费的时间，如：吃饭，洗澡，开车等；睡眠时间——为睡眠所花费的时间；浪费时间——即非必须也没有实际帮助的时间。如果与“要事第一”的自我管理方法相关联，“投资时间”基本上可以对应处理“重要而不紧急的事务”和“重要而紧急的事务”所花费的时间，“固定时间”基本上可以对应处理“不重要但紧急的事务”所花费的时间，而“浪费时间”则基本上可以对应处理“不重要也不紧急的事务”所花费的时间。

主要功能介绍：

(1) 目标设置与编辑。下载安装 APP，其主要界面如图 5-8 所示。可以通过点击右下角第二个“＋”号按钮来添加目标（如图 5-9），接下来进行具体目标的编辑，如：阅读教育教学杂志和参考，也可以继续写一句励志的话以勉励自己（如图 5-10）。设置完成后可以点击 ▶ 按钮，系统就自动开始为你投入目标的时间进行计时。

图 5-8 “爱今天”界面

图 5-9 添加管理目标

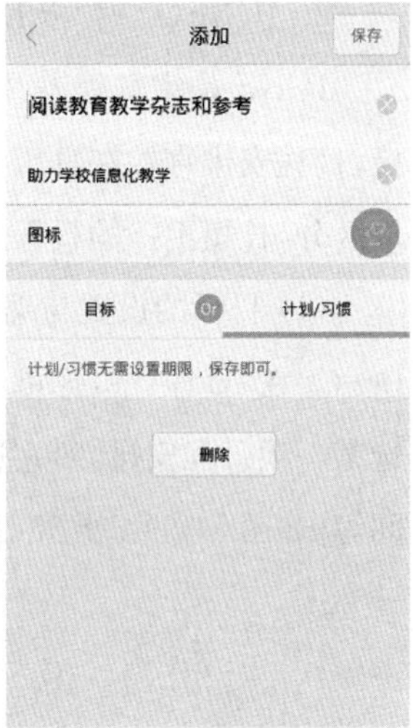


图 5-10 编辑具体目标

（2）查看个人的时间分配图。选择 APP 最下端的“每天”，即可看到今天的时间分配图、时序图及评价等级（如图 5-11）；此外，也可以在“统计”中查看近期时间投入趋势、近期起床记录、本周睡眠记录等数据信息（如图 5-12）。

（3）个人信息的修改和完善。点选 APP 下端的“我”选项，即可查看及修改个人信息等（如图 5-13）。

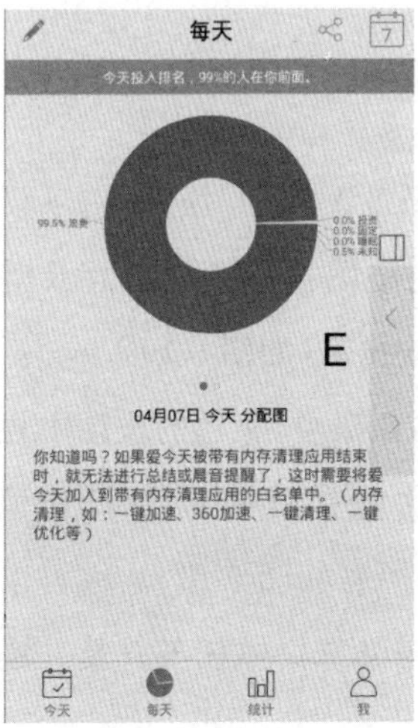


图 5-11 时间分配图

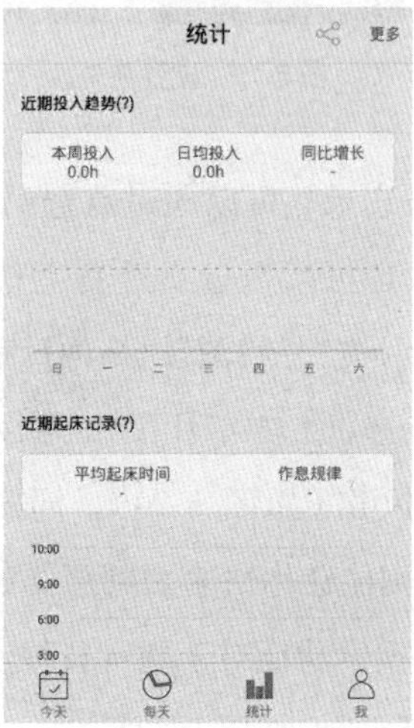


图 5-12 时间统计图

图 5-13 个人信息

2. JUNE(也叫“六月日程表”)

JUNE是集日程表、任务、备忘录功能于一身的日历。其界面简洁、操作便捷,日程安排直接在日历上完成,你也可以根据不同的安排配上不同的颜色加以区分,长短不一的日程安排使其看起来颇有点甘特图的味道。

(1) 目标的设置与编辑。首先,下载安装JUNE应用,其打开界面如图5-14所示。在“日程”中,你可以在具体的日期下设置任务(如图5-15),你也可以点选某一项日程安排,对它进行更加具体的编辑,比如添加位置和具体的时间区间等(如图5-16)。此外,JUNE还设计了长按和滑动的手势操作。

图5-14 JUNE主界面

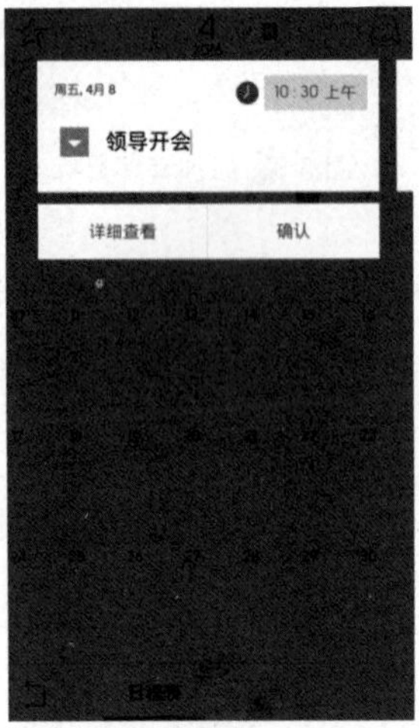


图5-15 设置任务

图5-16 编辑具体任务目标

(2) 撰写具体任务及备忘录。可以通过点选APP最下端的“任务”选项设置具体的任务(如图5-17),也可以通过点选右上角的小图标来撰写备忘录等(如图5-18),最后就会生成具有“甘特图”风格的日程安排表(如图5-19)。

(3) 其他便捷操作。点选正上方年月Title可以拉出菜单,菜单的设计中规中矩,还带有一种黄页的风格(如图5-20)。同步功能是针对已关联其他Calendar工具而言的,移动则能让你快速翻到想要的日期(如图5-21)。你可以在日程表里添加新的日历,搜索功能对于既有日程安排又有具体任务以及一堆重要时间节点的人来说非常便利(如图5-22)。

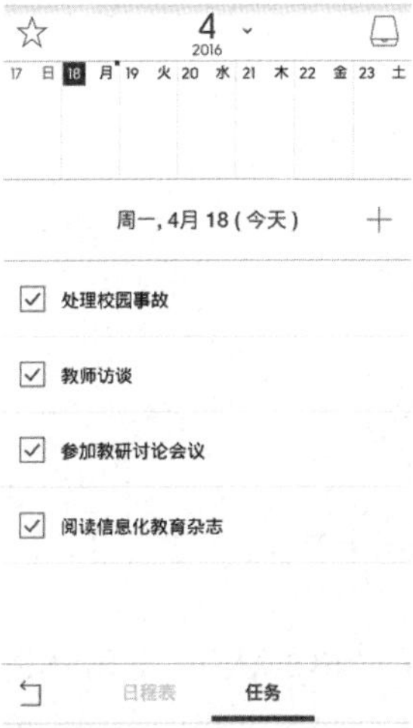


图 5-17　任务编辑

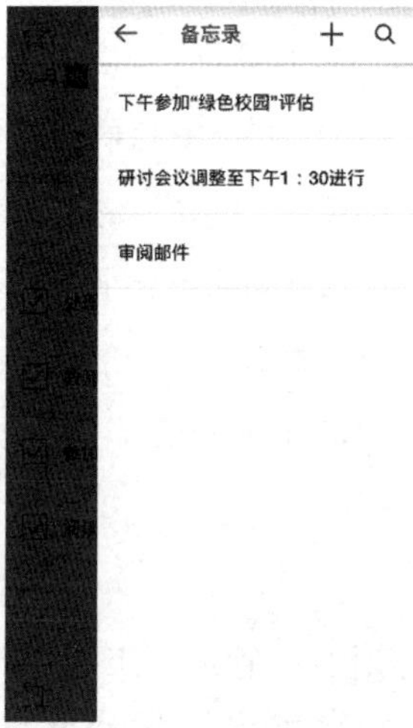


图 5-18　备忘录

图 5-19　最终日程表界面

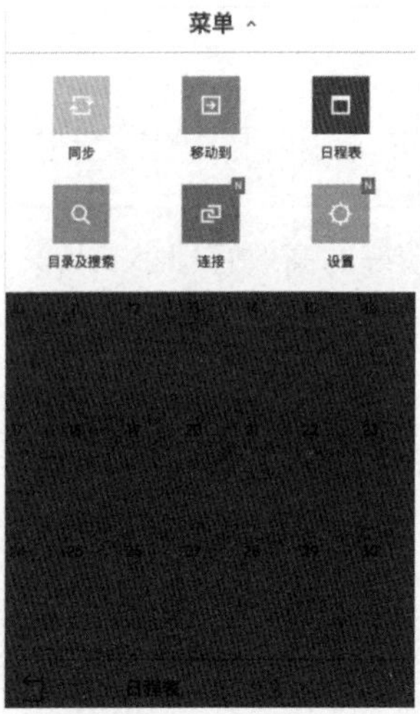


图 5-20　“菜单界面”

图 5-21　移动功能

图 5-22　搜索功能

除此之外，关于时间管理的小工具还非常多，如：

iHour：是一款能够创建、规划计划的免费 iOS 端 APP，其巧妙地结合了“番茄时间管理法”。同时，为了鼓励用户更好执行任务，iHour 还内置了类似于游戏的成就系统，让坚持更快乐。

**注**：番茄时间管理法(Pomodoro Technique)是一种极好的帮助人集中注意力、获得更高工作效率的方法。它的实施方法是这样的：

(1) 确定你想要做什么(例如：撰写学校的信息化发展规划)。

(2) 设定一个 25 分钟的定时器。

(3) 工作，直到定时器时间到：这就是一个"番茄钟"。

(4) 休息 5 分钟，继续下一个番茄钟。

(5) 每 4 个番茄钟做一次长时间的休息。

## 思考练习

通过前面的学习，相信你对时间管理小工具也有了简单的认识，下面就请你任选其一(也可以自选其他工具)进行下载安装，交流分享你的使用心得体会。

➢ 请联系实际，谈谈你在日常工作中都使用了哪些信息化工具来管理个人工作，是否提高了你的工作效率。

________________________________________

________________________________________

➢ 请结合你的实际工作情况，推荐几款你认为比较好的高效管理小工具。

________________________________________

________________________________________

### 活动 4　应用信息技术支持协作交流

**说明**：在本活动中，你将了解有哪些常用的协作交流平台及工具，并以 Teambition 工具为例，学习如何利用信息技术支持协同办公。

**第一步：了解常用的协作交流平台及工具**

随着网络信息化的发展，学校的协作交流平台不再是要出资购买或专门开发的"大投入"，各种在线办公平台、线上交流软件层出不穷，免费的平台服务也不少，如果善加应用，不仅可以提升办公效率，实现信息资源共享，还能够改变学校与家长之间的沟通机制，扩大学校在社会上的影响力。表 5-1 罗列了一些操作简单容易上手的常用平台和工具，可以为学校协作交流平台的选择提供参考。

表 5-1 常用协作交流工具介绍

| 分类 | 工具名称 | 简要介绍 |
|---|---|---|
| 协作办公 | Teambition | 方便易用的项目式团队协作工具。<br>提供任务管理、日程安排、文件共享、即时讨论等团队所需要的一切协作功能：可以从任务板轻松查看团队成员的工作进度，从文件库便捷地检索下载工作所需的文件，以及多样的沟通方式。<br>网址：http://www.teambition.com/ |
| | 百会 | 全球领先的在线办公平台。<br>在协作应用板块下主要包含百会云邮箱、百会论坛、百会文件、百会维基、百会聊聊、百会会议等几种功能组件。可以收发与管理邮件；新建或上传、存储或备份、编辑、处理、共享各种常用格式的文档或表格；创建并管理日历、联系人、通讯录；与同事、朋友或家人即时聊天。<br>网址：http://www.baihui.com/ |
| | Groove、Teamviewer（多用于远程会议）、Worktile、Trello、Quip、Basecamp、Slack、Tower、石墨文档、有道云笔记等也是团队协作办公的工具 | |
| 家校沟通 | 校讯通 | 实现家庭与学校快捷、实时沟通的教育网络平台。<br>通过手机短信，教师可以将孩子在学校的健康状况、学习成绩、日常表现、考勤情况、期末评语、当天作业、学校的动态和通知等信息直接发送到家长的手机上，使家长及时、方便、全面了解自己孩子在学校的情况。家长可以通过短信或登录校讯通网站与学校教师进行互动，主动查询学生的各项情况 |
| | QQ/微信等即时聊天软件 | QQ、微信的群组聊天功能，可以满足家长与班主任、任课老师随时随地交流的需求。通过建立班级群，互相了解孩子的在家、在校情况，讨论交流有关孩子教育的困惑、难题，分享、探讨教育心得和经验等 |
| | 博客、微信公众号等异时交流大工具也有利于促进家校沟通 | |
| 对外宣传 | 网站、博客、微信公众号成为宣传学校形象、传播学校理念、扩大学校影响力的重要手段。通过更新学校、班级动态，让家长和社会及时了解学校发生的事；通过上传或转载一些经典博文，介绍一些最实用、最前沿的家庭教育文章，供大家学习和借鉴；通过分享优质课程、特色课堂等资源，总结成功的教学管理经验，与其他学校共同发展 | |

## 思考练习

➢ 你是否知道还有其他的协作交流工具？如有，请推荐至少一款你认为比较好的协作交流工具，并做简单介绍。

______________________________

______________________________

**第二步：利用 Teambition 实现协同办公**

在这一步里将重点介绍如何利用 Teambition 工具实现协同办公。

1. 创建项目

首先，申请注册成功后登录账号，开始创建项目。选择项目类型，填写项目信息，如图 5-23 所示。

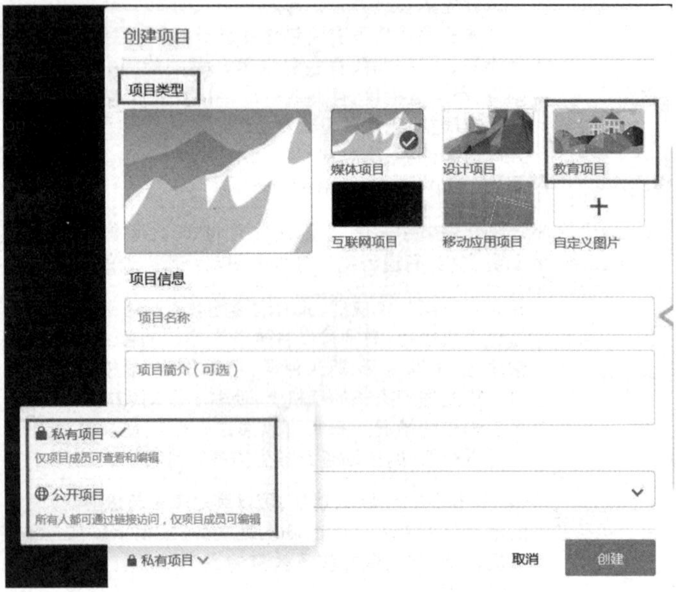


图 5-23　创建项目

2. 邀请成员加入项目

可以通过邮箱或者手机号来邀请，也可以通过扫描二维码加入或分享项目链接给被邀请人，如图 5-24 所示。项目拥有者可以选择成员作为管理员，也可以移除成员。

3. 管理项目

如图 5-25 的项目主页展示了所有项目成员的最新动态。可以从项目主页快速建立新任务、新分享、新日程，以及上传新文件。

**【项目动态】**进入每个项目后，右侧展开项目动态，可以实时了解项目中的更新，调整项目成员的任务分配，还可以通过一些简要统计更好地了解项目整体情况。

图 5-24 邀请团队成员

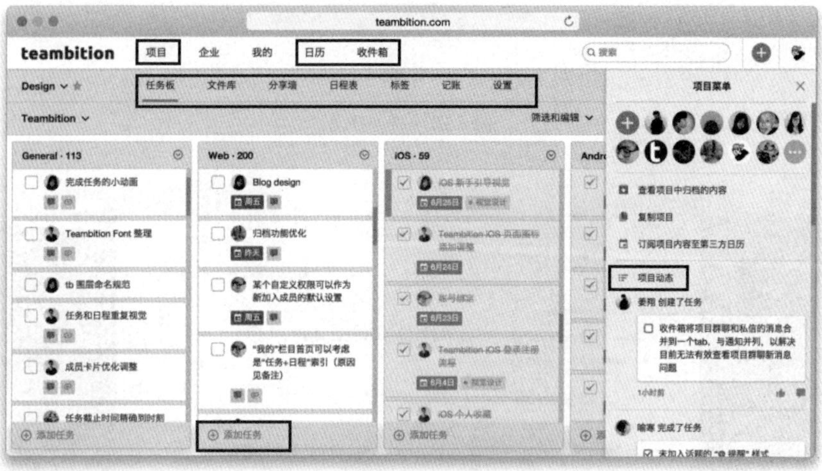


图 5-25 项目主页

【**任务板**】就像是给团队使用的白板，可以在这里添加任务、分配执行者、确定截止时间和优先级，并把相关成员添加为参与者，所有人都可以及时收到通知，了解任务进展，并随时开展讨论。如图 5-26 是“添加任务”页面。

【**分享墙**】团队成员在这里沟通想法、共享知识。每一篇分享可以重复编辑，并且更新会实时推送给每个成员，还支持文档的协同编辑。与来回发送内部邮件相比，在分享墙里发布话题更便于团队讨论和追溯。图 5-27 是对已创建

图 5-26　添加任务

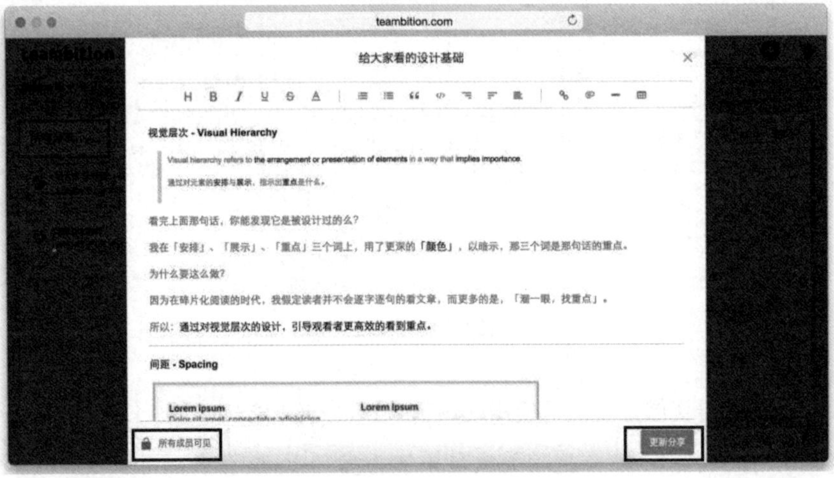


图 5-27　更新分享

分享的再编辑。

**【文件库】**如图 5-28，文件库是一个可协作的网盘，可针对文件展开讨论。支持图片、doc、pdf、xlsx、mp4 等多种格式常用文件的在线预览。随时上传更新版本，并保存所有历史版本。有关文件的一切存储与更新，自动共享给每一位成员，不需要邮件抄送给项目成员，并且可以针对文件展开讨论。而且文件库没有容量上限，足以支撑存放和分享项目的所有文件。

图 5-28　文件库主页面

【**日程表**】如图 5-29，日程表可以帮助用户安排好时间。只需三步就能发起会议：创建会议——邀请成员参与——在线讨论。此外还可以使用手机日历订阅会议信息。

图 5-29　日程表主页面

【**收件箱**】如果项目有新的进展，例如有新的成员回复或是任务状态有变化，收件箱都会收到通知。对于来不及处理的事情，可以放到“稍后处理”中。

还可以根据事情的轻重缓急设置“优先级”。通过“私信”功能，找到想讨论的人，发起点对点的讨论，手机端可以通过语音输入。图 5-30 是收件箱主页面。

图 5-30 收件箱主页面

需要说明的是，Teambition 不仅可以在网页端登录，也可以通过笔记本电脑、平板电脑、手机等移动设备（iOS 系统和 Android 系统均可），实现随时随地高效办公。

**案例**

### 如何利用 Teambition 建立电子图书库①

团队的协作与进步，离不开丰富的学习资源和良好的文化氛围，何不利用 Teambition 搭建一个个性化的团队图书库呢？

图 5-31 是一个已经成形的电子图书库，从图中可看出，书籍管理员根据书籍的不同状态，将任务板划分为全部书籍、借出、心愿书单、加入采购四种任务阶段。

首先，将全部书籍都列在“全部书籍”栏里面。同时，为每本书添加标签，将书籍妥善分类成设计、计算机等门类，方便大家查找图书。

① 案例引自 Teambition，团队图书库[EB/OL]. 2016 - 6 - 25.

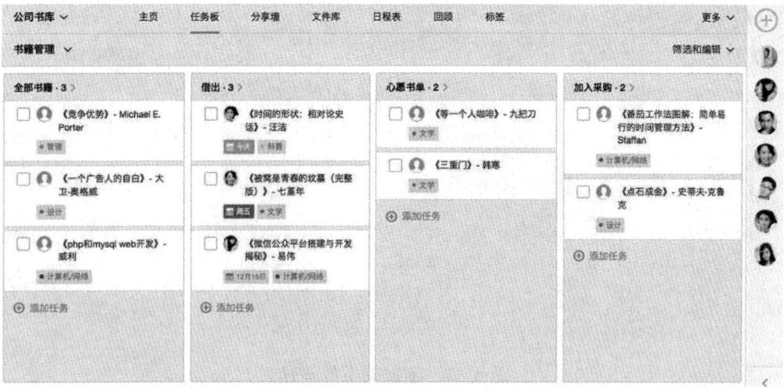


图 5-31　电子图书库界面

如图 5-32 所示，当有人需要借一本管理类的书籍时，可以在右侧“任务筛选”里，选择“管理”和“待认领”，就可以看到目前在架的管理类书籍。然后将想看的书籍认领过来，书籍管理员就将书籍移到“借出”阶段，并为该任务设定截止时间，即书籍的归还时间。

图 5-32　图书的认领与借出

每个人还可以在评论中添加自己的阅读体会，给后来借书的人一个参考，营造全员学习的文化氛围。

对于非正常状态的书籍，例如破损、逾期不还、待上架等，可以另开一个任务分组来记录这些操作，并按照相应流程处理，如图 5-33 所示。

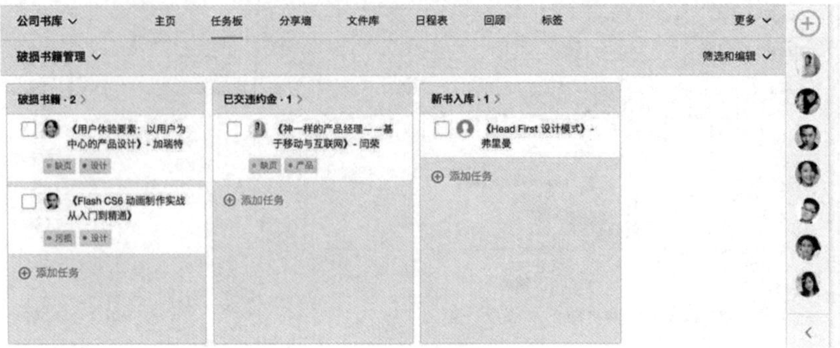


图 5-33　破损图书的管理

## 思考练习

➢ 通过阅读案例，你是否对 Teambition 的应用有了更深刻的认识呢？如何利用 Teambition 的在线协作功能进行集体教研？

______________________________________________

______________________________________________

______________________________________________

______________________________________________

______________________________________________

______________________________________________

### 活动 5　应用信息技术支持家校合作

**说明：**家校合作是保证学生健康成长极其重要的条件。在本活动中，你将全面了解家校合作的意义、合作的不同层次及存在的问题与对策，并学习利用家校合作平台——“三人行”网站建立一个家校合作平台。

**第一步：家校合作概述**

家校合作是以促进学生发展为目的，家庭和学校两种力量互相配合、互相支持、互相协调的教育互助活动。家校合作的价值主要体现在[①]：就学生而言，

① 黄河清，马恒懿. 家校合作价值论新探[J]. 华东师范大学学报：教育科学版，2012，29(2)：4—6.

家校合作沟通了学生在家和在校的两个生活世界，实现了教育在时空上的衔接与拓展；就家长与教师而言，亲师交往中的摩擦与磨合推动了教育观念和方法的更新，使双方作为教育者的反思与自觉得以提升，为其在各自的社会角色上趋向自我完善创造了条件；就学校而言，互动过程中暴露出的一些深层矛盾及解决矛盾的愿望，可成为中微观层面变革的动力(微观层面指学生、家长和教师，中观层面指学校，宏观层面指社会)；就社会而言，学校对家庭的指导可以帮助弱势群体更好地为孩子成长提供有效的支持，一定程度上阻断贫穷的代际传递，起到促进教育公平和社会和谐的作用[①]。

家校合作可分为三个层次[②]。第一层次是家校双方相互交流，合作活动的目的主要是使学校得到家长支持，家长在活动中学习有关的教育理论和方法，加强对孩子的教育。在这类活动中家长作为"支持者"、"学习者"的身份参与活动。这类合作教育活动主要包括：家长会、家长学校、家庭教育咨询、家校书面联系和电话联系等。第二层次是"人际参与"，在这个层次的合作教育中，家长作为学校活动的自愿参与者，自愿为学校提供无偿服务或是赞助，帮助学校解决经济上或其他方面的困难，或者帮助学校对学生进行校外职业实习指导、特殊技能训练等等。这时，家长关注的已不仅是自己孩子的教育，学校的整体教育也成为他考虑的一部分。第三层次是"管理式"的合作，在这种家校教育合作中，家长作为学校教育的决策参与者，参与学校的管理。

经过几十年的探索，家校合作的模式不断进行改革，逐步形成了学校、家庭、社会三方合作教育的形式和方法，但随着现代家庭一系列特征的出现、新课改的开展以及中小学生自身的特点，家校合作的传统模式面临严峻的挑战。传统的家校合作模式在实际运用中有它积极的作用，但已经远远不能满足社会发展、教育改革、学校、教师、家长和学生的需要，所以如何在保留传统方式中合理成分的基础上，整合新条件、新技术、新方法，建立家校合作的新模式迫在眉睫，作为学校的管理者，应从以下几个方面考虑[③]：

(1) 健全家校合作制度体系。以家长委员会为主线，以线带面。在完善家

① 何瑞珠.家庭学校与社区协作：从理念到实践[M].香港：中文大学出版社，2002：14.
② 朱红.浅谈新时期家校合作[C]，海峡两岸家庭教育学术研讨会.2012.
③ 庞雪群.基础教育课程改革背景下的家校合作模式思考[J].教育教学论坛，2012(4)：19—20.

长委员会制度，充分发挥其作用的基础上，把全体家长都纳入到学校管理的体系中。加强和保障家长委员会的自主权，保障他们的权利。

(2) 建立专门的领导机构和服务机构。要使家校合作相关组织机构进入良性的运行轨道，建立专门的领导机构和服务机构成为其组织保障。为确保家校合作稳步、有序地开展，学校要建立由校长牵头、教导处、政教处或德育处、科研室及部分优秀班主任组成的家校教育工作领导小组，依靠德育工作网络，推进家校合作常规工作的组织实施。服务机构要创设各种条件以促进家校合作，例如在校内给家长提供一个与教师见面和合作的场所，其中备有介绍学校各部门动态的小册子，近期活动的公告、师生的优秀作品和其他有关家庭教育的资料等。

(3) 教师与家长联手。从教师方面而言，应该具有服务意识，学会换位思考，加强培训与学习，不断提高业务水平；从家长方面而言，家长应该改变对老师的不正确看法，不再视教师为权威，而要在尊重、理解教师的基础上，与教师建立平等的合作关系。

(4) 转变家访观念，创新家长会形式。南宁市中小学家访的"五个转变"值得借鉴①。即从"班主任单线管理"转向"领导带头全员参与"，从"指责说教的批评教育"转向"以鼓励为主的正面教育"，从"事后告状的被动家访"转向"加速沟通、主动联系"，从"电话咨询单一形式"转向"网上点击双向交流"，从"无计划的随机走访"转向"制度化的定期访问"。这样的家访转变了教师观念，减少了家长和学生的排斥感，使家长和学生更容易理解和支持。

(5) 利用信息技术支持完善沟通平台的建设。主要是指将现代信息技术全方位应用于家校互动中。现代信息技术为家校互动搭起了新的沟通桥梁，解决了传统模式存在的问题与不足。网络、手机、电话、传真等现代化通信方式确实让家校沟通变得及时快捷。但传统的家校合作活动(如：家长会、家访、家长接待日等)能建立起教师和家长之间一般性的交流互动系统，这些是网络无法替代的。因此，应将互联网和通信技术等与传统的交流方式相结合，两者优势互补、相互促进，进一步提升家校合作的质量。

家校合作的关键还是要在科学方法的指导下，学校、家长共同投入，携手学

① 南宁："五个转变"走出家访新路[EB/OL]. 广西新闻网. 2016-10-07.

生一起形成“校生一家”的统一合作链，发挥其应有的作用。

## 思考练习

➢ 你所在的学校的家校合作体现在哪些方面？目前存在哪些问题？针对此类问题，你的解决办法有哪些？

### 第二步：“三人同行”——搭建家校合作平台

“三人行网络”（www. 3ren. cn）作为中国第一家以老师、家长、学生交流为基础的大型交互式网站，也是中国优秀的网络家校沟通平台和学生个性化成长平台。“三人行”主要用于搭建网络家校沟通平台，建立了老师、学生、家长间的网络沟通渠道，其旨在促进“家校沟通”，引领网络学校、班级管理的新时代，引导学生在网络时代中健康成长。其类似于人人或微博，具有一些相同的功能，例如：教师、学生、家长有自己的主页，同时都能访问班级主页。

“三人行”网站的主页如图 5-34 所示。

图 5-34 “三人行”网站主页

目前有很多的中小学正在使用“三人行”网站进行家校合作，如图 5-35 所示。

图 5-35　使用“三人行”网站进行家校合作的中小学活跃班级榜

那么在“三人行”网站上，校长、教师、家长、学生具体能做什么呢，具体如表 5-2 所示。

表 5-2　“三人行”网站平台功能介绍

| 角色 | 功　　能 | 具 体 介 绍 |
| --- | --- | --- |
| 校长或教师 | 家校联系 | 随时发送免费短信，使家校沟通更便捷 |
| | 动态评价 | 发现并记录学生的闪光点，让孩子在赏识中成长 |
| | 打造独特班级文化 | 实现图文并茂，学习娱乐，汇聚真实的同学和班级 |
| | 布置任务，组织各种班级活动 | 可以要求学生课前预习，开展班级征文，开展探究式学习等的多种新尝试 |
| 学生 | 跟同学一起交流分享 | 记录学生自我成长历程，展示自己丰富多彩的生活，与学友交流课内外知识 |
| | 参与班级管理，做小主人翁 | 同学自主管理，主动参与班级事务的决策 |
| 家长 | 大考小考成绩随时获知 | 平台通过家校联系本发送成绩，既方便家长随时获知学生的成绩，又保护了孩子的隐私 |
| | 了解孩子在校情况 | 帮助家长了解孩子课堂表现 |

特色功能：

“家校联系本”——方便学校和家庭的即时性沟通。可以使用网络平台免费向班级内学生家长群发作业、通知、成绩；还可以与家长点对点对话。

“任务集”——将班级内发布的零散内容整理成序列。通过任务集功能，老师们可以用发布任务的方式来布置命题作文、预习内容、探究式学习等，使管理内容和成果统计变得非常方便。

“作业公示栏”——可逐步实现“义务教育阶段学校学生家庭作业公示制度”。作业公示栏可方便地将家校联系本上发布的作业在网络班级页面上集中展示，以便所在班级内的用户都能及时看到家校联系本上发布的作业内容。

“表扬栏”——根据教育行业方面的专家提出的“道德品质、交流合作、运动健康、审美表现、公民素养、学习能力”六个不同维度对学生的行为进行多元化、多维度、动态的管理与评价。

“百宝箱”——可用于分享和存储资料，能够根据需要上传/下载班级内部共享的文件、资料、复习题、作业要求等。

“投票站”——班级里同学自我管理，建立对班级的主人翁意识。能很大程度上简化老师对于某件事情意见反馈的流程。

下面，以“家校联系本”为例，对其功能[①]进行详细介绍：

(1) 发对话，跟家长保持联系。

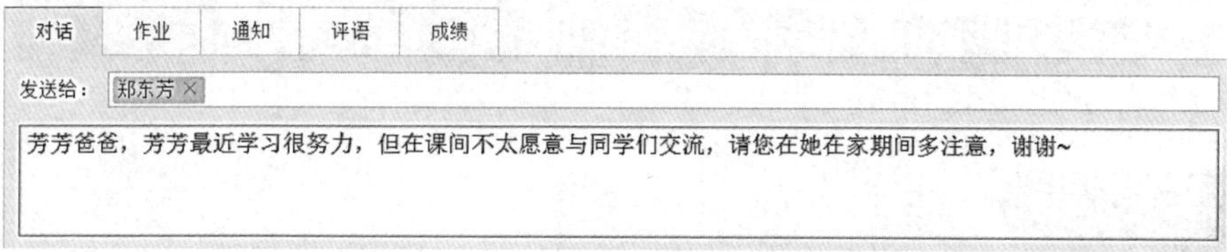


(2) 发通知，留作业，提高工作效率，减轻工作负担，无需逐个通知，一键送达全班。

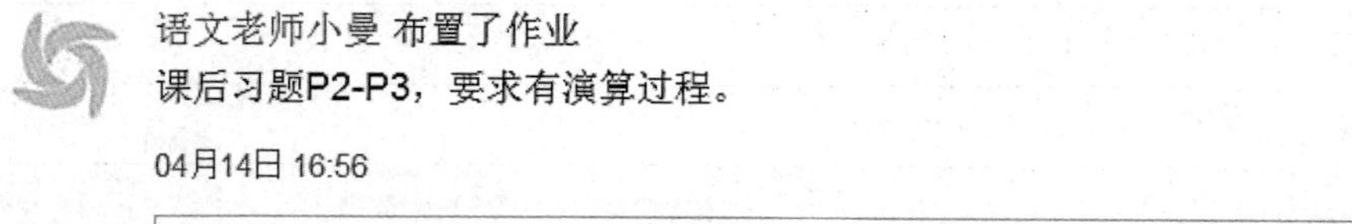


① 三人行网站.[EB/OL]. http://www.3ren.cn/newSrxing.htm(2016-06-21)

（3）发成绩，只需填写成绩单，一键发送成绩到家长手机，每个家长只能看到自己孩子的成绩，保护孩子隐私。

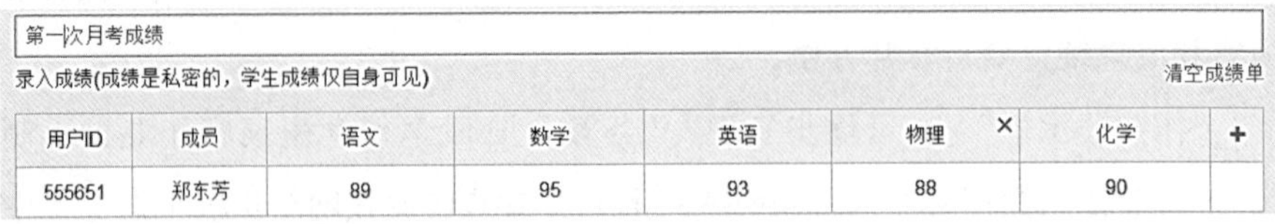


（4）发评语，动态评价，随时发挥评价的激励功能，强化教育效果。

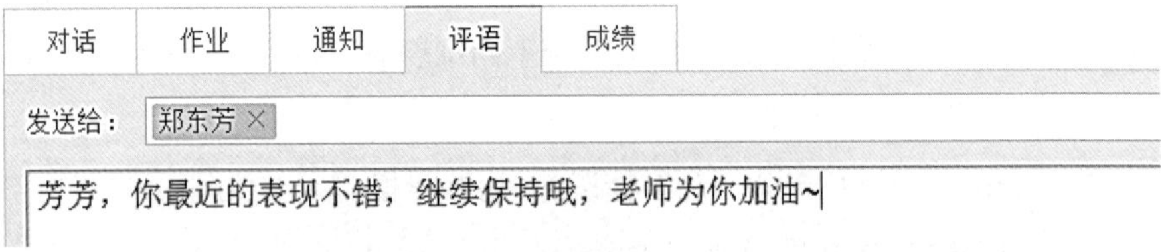


（5）班级小黑板，作业、通知、课程表，班级大小事一目了然。

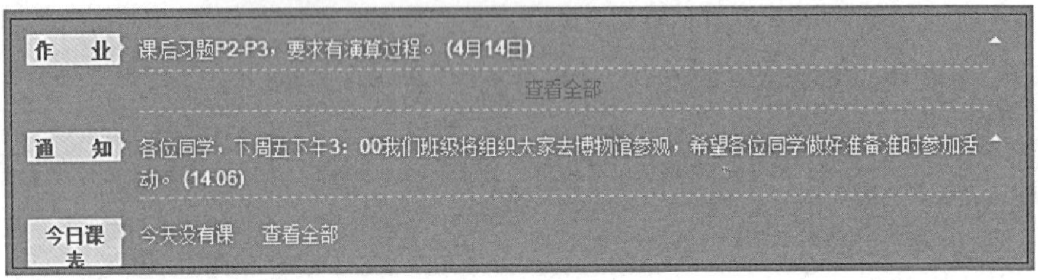


## 思考练习

➢ 观看“三人行”网站帮助教程视频（http://www.3ren.cn/help/video），尝试为你的学校建立一个网络家校沟通平台。

## 作业

请你结合本校实际情况，进一步修订完善学校信息化发展方案，并将学校管理信息化发展规划纳入其中。

随着本专题的结束，我们的整门课程也即将结束。请你充分运用本课程中学到的知识和工具，结合本校实际情况，修改完善本校信息化发展方案，并提交发展方案。

## 李校长的反思

专题五的学习，更多地是对个人管理能力的一种提升。从“要事第一”的原则中，我反省了自己平时的工作习惯，发现有很多可以改进的地方。此外，诸多支持合作交流、家校沟通的技术工具让我大开眼界，原来我以为使用这些工具都需要支付不菲的费用，这次学习后才发现有这么多免费或共享的工具或平台。让我意想不到的是对于演示文稿的学习，原来以为自己制作演示文稿的水平，在同层面的校长中还算是佼佼者，待学习了相关的设计原则后，才发现自己原来还是将PPT当成了Word，没有发挥它本身所要支持的演讲功能。

在所有的专题学习后，我们的核心团队又一次浏览和修订了信息化发展规划。时间比较紧张，目前形成的规划会在接下来的一个月内继续修订定稿，并开始实施。

期待我们学校的信息化建设能够赶上教学变革的脚步，有效助力于学生发展。

**表5-3　柯县一中的学校信息化发展规划(完成稿)**

| 基本信息 |
|---|
| 学校名称：柯县一中<br>当前的信息化建设情况(请就教育教学、软硬件设备、管理机制、教师能力、家校沟通等情况进行综述)：<br>目前，学校的软硬件设备配置基本到位，部分教师可以使用信息技术支持备课与授课，在家校沟通等方面也采用微信等手段。但总的来讲，教师应用信息技术的成效不明显，技术上也只停留在PPT的使用上。学校没有专门的机制来支持教师使用信息技术。 |

续　表

<table>
<tr><td colspan="2">学校发展的优势、劣势、机遇和挑战的分析：</td></tr>
<tr><td>S<br>学校教师年轻、有活力；软硬件设备、特别是网络有基本的保障；教师和家长基本上都有智能手机</td><td>W<br>很多教师（包括年轻的和年长的）的教学水平有待提高，以于一些知识性内容的讲解都需要提高精准程度；教师们对于信息技术是否能够提高教学效果有困惑；教师当前的信息技术应用能力不足以促进变革；没有管理机制支持教师学习和应用信息技术；领导班子对信息化变革没有信心</td></tr>
<tr><td>O<br>市政府正在开展全市层面的信息化实验校和发展校建设，而我校已入选发展校，每年会有 20 万元的经费投入；全国的“信息技术应用能力提升工程”培训正在开展，有些培训机构愿意为学校量身定制校本培训方案</td><td>T<br>家长和学生对于升学率都非常关注，如果变革影响升学率将不被理解，也无法开展下去；市政府建设时还是会倾向于信息化实验校</td></tr>
<tr><td colspan="2">愿景与目标（2017 年—2020 年）</td></tr>
<tr><td>愿景：<br>让孩子们平等地享受优质教育资源</td><td>目标：<br>（1）部署并使用可以支持“先学后教”的全套信息化平台（至少包括知识预学习、试题网上测评、学习结果分析等功能）。<br>（2）平台上部署一套完整的、覆盖各个知识点的初、高中微课程学习资源。<br>（3）初中一年级和高中一年级全面采用“先学后教”模式。<br>（4）学校升学率在三年后提高 10 个百分点</td></tr>
<tr><td colspan="2">项目团队</td></tr>
<tr><td>核心团队：<br>校长，主管教学副校长，信息技术学科的教学骨干 1 名，学科教研骨干 2 名，信息化教育专家 1 名<br>项目秘书：办公室主任</td><td>其他成员及沟通方式：<br>● 县教育局主管信息化发展校建设的副局长：专家组成员，定期汇报并征询意见。<br>● 学校各学科组组长：工作团队成员，关键举措出台前参与共同研讨。<br>● 家委会：由初一及高一各个班级推荐一人组成，对于学校重要举措进行意见咨询，并在关键举措出台前进行告知与解释。<br>● 信息化平台提供方：先是多方了解，然后逐渐确定适用的信息化平台。确定后的信息化平台提供方需参与核心团队的部分研讨，并提供在其他学校的解决方案。<br>● 学生助理：初一及高一各班推荐一名信息技术方面有特长的学生（但不是学习好的）参加，可以试用购买的学习资源，试评教师制作的微课程，辅导本班同学使用信息化平台，反馈班级应用新模式后的情况等</td></tr>
</table>

续　表

| 关键举措及预期成果 | |
|---|---|
| 教师能力发展<br>启动时间：项目一开始 | |
| ● 举措：<br>选用平台：学习通<br>● 选用资源：C 机构提供的《技术改变教学》系列课程<br>● 推动机制：<br>(1) 组织学校领导和教研负责人等到相关学校、信息化平台公司去考察，统一认识。<br>(2) 在学校层面上，解析学校发展愿景，培训平台使用，学习《全国中小学教师信息技术应用能力标准》并反思。<br>(3) 每周三下午固定为集体学习时间，各个学科组根据学校的发展愿景与目标，确定自己学科组的学习内容，从《技术改变教学》系列课程中进行选学。讲求少而精，学得少一点儿，但要和实践、研讨等结合到一起。<br>(4) 听评课成为常态要求，要求每个教师至少要开一次课，听两次课 | 预期成果：<br>(1) 全校上下形成统一共识。<br>(2) 教师们的信息技术应用能力得到普遍提升。<br>(3) 形成常态化的听评课制度 |
| 信息化管理<br>启动时间：项目一开始 | |
| ● 举措：<br>选用平台：微信公众号，微信群，百会<br>● 推进机制<br>(1) 请信息技术老师研究微信公众号，并申请创建学校的公众号。<br>(2) 各班继续使用班级微信群。<br>(3) 在“百会”上建立学校的在线 OA 系统，逐渐实现办公自动化 | 预期成果：<br>(1) 形成学校 OA 系统<br>(2) 学校有对外的公众号，向家长更好地宣传学校政策与工作成就 |
| 信息化教学：<br>启动时间：第一年的下半年启动 | |
| 举措：<br>● 选用平台：A1 公司提供的信息化平台，B2 出版社提供的微课程资源。<br>● 教学标准：不同的学科自定义自己学科需要的特色指标，并大力推进“先学后教”模式。<br>● 推进机制：<br>(1) 学科教研组长在学科内针对性学习与讨论的基础上，确定本学科课堂教学的特色指标。由信息化教育专家负责审定。<br>(2) 学校设计“信息技术应用骨干教师”的机制，该机制不设入门条件，而是设“承诺条件”，包括开设多少公开课、编制多少测试题、示范讲解多少次信息技术工具等，由教师们自行申请，一但申请成功，就要完成承诺的工作。这项举措与其绩效工资挂钩 | 预期成果：<br>(1) 适合不同学科的课堂教学评价标准。<br>(2) 测试题目与微课程资源明确对应，并且不断补充完善学习资源 |